湖南省教育厅科学研究项目"英语评价言语行为的认知语用研究"项目编号：18C1671

光明社科文库
GUANGMING DAILY PRESS:
A SOCIAL SCIENCE SERIES

·教育与语言书系·

高职英语行动教学模型的构建与实践研究

李健民　李丽君 | 著

光明日报出版社

图书在版编目（CIP）数据

高职英语行动教学模型的构建与实践研究 / 李健民，李丽君著. --北京：光明日报出版社，2021.6
ISBN 978-7-5194-6116-4

Ⅰ.①高… Ⅱ.①李…②李… Ⅲ.①英语—教学研究—高等职业教育 Ⅳ.①H319.3

中国版本图书馆 CIP 数据核字（2021）第 089312 号

高职英语行动教学模型的构建与实践研究
GAOZHI YINGYU XINGDONG JIAOXUE MOXING DE GOUJIAN YU SHIJIAN YANJIU

著　　者：李健民　李丽君	
责任编辑：朱　宁	责任校对：张　悦
封面设计：中联华文	责任印制：曹　净

出版发行：光明日报出版社
地　　址：北京市西城区永安路 106 号，100050
电　　话：010-63169890（咨询），63131930（邮购）
传　　真：010-63131930
网　　址：http://book.gmw.cn
E - mail：zhuning@gmw.cn
法律顾问：北京德恒律师事务所龚柳方律师

印　　刷：三河市华东印刷有限公司
装　　订：三河市华东印刷有限公司

本书如有破损、缺页、装订错误，请与本社联系调换，电话：010-63131930

开　　本：170mm×240mm	
字　　数：221 千字	印　　张：16.5
版　　次：2021 年 6 月第 1 版	印　　次：2021 年 6 月第 1 次印刷
书　　号：ISBN 978-7-5194-6116-4	
定　　价：95.00 元	

版权所有　　翻印必究

目 录
CONTENTS

绪 论 ··· 1
 第一节 研究综述 ·· 1
 第二节 理论基础 ·· 6
 第三节 研究目标 ·· 9
 第四节 研究内容 ··· 10
 第五节 研究方法 ··· 10
 第六节 研究意义 ··· 11
 第七节 创新之处 ··· 12

第一章 高职行业英语课程开发 ······························· 14
 第一节 相关概念 ··· 15
 第二节 课程开发原则 ··· 20
 第三节 课程开发模式 ··· 21
 第四节 课程开发内容 ··· 22
 第五节 小结 ··· 26

第二章 高职商务英语专业课程开发 ··························· 28
 第一节 商务英语学科定位 ····································· 28
 第二节 商务英语人才培养目标 ································· 29

第三节　商务英语专业课程体系构建原则 ……………………… 30
　　第四节　商务英语课程体系结构 ………………………………… 31
　　第五节　商务英语专业课程体系的特点 ………………………… 32
　　第六节　小结 ……………………………………………………… 36

第三章　高职行业英语教学模式 ……………………………………… 37
　　第一节　模式内容和特点 ………………………………………… 37
　　第二节　多维互动 ………………………………………………… 38
　　第三节　认知加工 ………………………………………………… 40
　　第四节　语义建构 ………………………………………………… 41
　　第五节　实践运用 ………………………………………………… 42
　　第六节　小结 ……………………………………………………… 43

第四章　高职英语自主学习策略 ……………………………………… 45
　　第一节　自主学习的概念 ………………………………………… 45
　　第二节　自主学习和高职英语教学 ……………………………… 46
　　第三节　培养学生自主学习的原则 ……………………………… 47
　　第四节　培养学生自主学习的意识 ……………………………… 49
　　第五节　培养学生自主学习的技能 ……………………………… 51
　　第六节　教师的支持和指导 ……………………………………… 52
　　第七节　学习策略和自主学习 …………………………………… 54
　　第八节　以任务、活动为主的课堂教学 ………………………… 54
　　第九节　以形成性评价促进自主学习 …………………………… 55
　　第十节　小结 ……………………………………………………… 56

第五章　高职英语合作学习策略 ……………………………………… 58
　　第一节　合作学习及其特点 ……………………………………… 59

第二节　合作学习的作用 …………………………………… 61
　　第三节　合作学习的具体应用 ……………………………… 63
　　第四节　存在的问题及对策 ………………………………… 65
　　第五节　小结 ………………………………………………… 66

第六章　高职英语教学元认知学习策略 …………………………… 68
　　第一节　元认知与语言习得 ………………………………… 68
　　第二节　元认知在高职英语教学中的应用 ………………… 70
　　第三节　小结 ………………………………………………… 73

第七章　高职英语任务型教学 ……………………………………… 75
　　第一节　任务、活动、练习、项目 ………………………… 75
　　第二节　任务类型 …………………………………………… 77
　　第三节　任务型教学原则 …………………………………… 79
　　第四节　任务型教学应用案例 ……………………………… 80
　　第五节　小结 ………………………………………………… 83

第八章　高职英语语块教学 ………………………………………… 85
　　第一节　语块的界定及分类 ………………………………… 85
　　第二节　语块教学的意义 …………………………………… 86
　　第三节　语块教学的方法 …………………………………… 89
　　第四节　小结 ………………………………………………… 93

第九章　高职英语语法教学 ………………………………………… 95
　　第一节　英语现在时教学 …………………………………… 95
　　第二节　英语过去时教学 …………………………………… 102
　　第三节　英语进行体教学 …………………………………… 110

第四节　小结 …………………………………………… 118

第十章　高职英语语篇教学 ……………………………… 122
第一节　语篇分析和语篇能力 …………………………… 122
第二节　语篇词汇教学 …………………………………… 124
第三节　语篇语法教学 …………………………………… 126
第四节　语篇建构及教学策略 …………………………… 128
第五节　语篇任务型教学 ………………………………… 142
第六节　语篇写作教学 …………………………………… 144
第七节　语篇文化教学 …………………………………… 145
第八节　小结 ……………………………………………… 147

第十一章　高职英语阅读教学策略 ……………………… 149
第一节　阅读模式 ………………………………………… 149
第二节　阅读教学策略 …………………………………… 151
第三节　阅读提问策略 …………………………………… 158
第四节　小结 ……………………………………………… 163

第十二章　高职英语听力教学策略 ……………………… 165
第一节　听力理解的认知基础 …………………………… 165
第二节　听力理解策略 …………………………………… 166
第三节　听力训练模式 …………………………………… 173
第四节　听说石化现象 …………………………………… 175
第五节　听说石化现象缓解途径 ………………………… 177
第六节　小结 ……………………………………………… 181

第十三章　高职英语口语教学策略 … **184**
　第一节　口语语篇特征 … 184
　第二节　语篇评价与口语教学 … 185
　第三节　小结 … 192

第十四章　高职英语课程评价 … **194**
　第一节　课程评价 … 194
　第二节　评价原则 … 195
　第三节　学习评价 … 196
　第四节　教学评价 … 200
　第五节　小结 … 201

第十五章　高职英语空间课堂教学 … **202**
　第一节　混合式教学和翻转课堂 … 202
　第二节　空间课程资源建设 … 204
　第三节　空间课堂教学实践 … 209
　第四节　小结 … 210

第十六章　高职英语教师专业发展 … **213**
　第一节　教师专业发展的内涵 … 213
　第二节　教师专业发展的途径 … 215
　第三节　小结 … 221

第十七章　高职英语课堂教师话语功能 … **223**
　第一节　社会互动和中介作用 … 224
　第二节　示范功能 … 225
　第三节　教学功能 … 226

第四节　交际功能 …………………………………………… 227
  第五节　评价功能 …………………………………………… 228
  第六节　小结 ………………………………………………… 229

第十八章　高职英语教师话语的顺应性　231
  第一节　语言的顺应性 ……………………………………… 231
  第二节　教师话语的顺应性分析 …………………………… 233
  第三节　小结 ………………………………………………… 237

第十九章　高职英语教师话语互动策略　238
  第一节　互动假设 …………………………………………… 238
  第二节　话题互动 …………………………………………… 239
  第三节　语式互动 …………………………………………… 242
  第四节　人际互动 …………………………………………… 243
  第五节　小结 ………………………………………………… 244

第二十章　结语和展望 ……………………………………… 246

绪　论

第一节　研究综述

一、国内外职业教育课程研究现状

（一）职业教育课程特点

课程的概念有广义和狭义的理解，广义上是指所有教学学科的综合，狭义上是指一门学科。《牛津高阶英汉双解词典》解释课程（curriculum）为学校所教授或学习的所有科目。curriculum 一词来源于拉丁语 currere，意为奔跑（to run）。不同的课程类型来自人们对 curriculum 的不同解释和理解。如理解为奔跑的跑道，那么课程就是按学科内容之间的相关性进行组织和排列，具有逻辑性、系统性等特点；如理解为奔跑的过程，那么课程重点关注奔跑过程中个体的体验，例如行动体系课程。这两类课程并无优劣之分，而是各有所长，相辅相成，可以互为借鉴。职业教育课程观认为课程不是结果，而是职业导向的动态发展过程，其特点是：①定向性，即课程目标是培养社会职业工作岗位第一线从事操作、服务或管理的人才；②应用性，即职业教育课程内容应紧密联系职业实践,所传授的知识和技能能在生产、服务或管理工作的第一线直接应用;③整体性,即课程的实施和评价与学生的学习过程是一个包括观察、思考、行动和评价的整体过程(姜大源,2007:136)。

(二)职业教育课程模式

国外学者在职业教育课程研究领域起步早且研究较为成熟,主要以能力分析导向课程开发为主。能力分析导向课程开发是建立在职业分析和工作分析基础上的课程开发模式,主要有 Competence – Based Education(CBE)模式、Modules of Employable Skill(MES)模式和双元制模式。CBE 模式起源于北美,在各国具有较大的影响力。CBE 课程设计采用模块式方案,以学生职业能力训练为核心,教学安排依据工作分析和职业能力分析,理论知识传授以必须够用为度,教学上强调学生的主体作用。

MES 模式是兴起于 20 世纪 70 年代末,由国际劳工组织开发的职业培训模式。职业培训的内容是以具体的职业岗位分析为基础,从岗位描述出发,确定该职业岗位应具备的全部职能,并将职能细化为不同工作任务。每项工作任务作为一个模块,由若干学习单元构成。每个学习单元包含完成工作所需的某项知识和技能。

双元制是德国职业教育的主要形式,是一种企业和学校相结合,以企业为主,理论和实践相结合,以实践为主的课程开发模式。后来德国学者按照职业领域对学生能力获取的要求,从课程和教学的微观层面研究并提出"学习领域"课程模式。学习领域是通过学习目标、教学内容和课时分配的描述而构成的主题单元,它以职业任务和行动过程为导向。所有学习领域的总和可以帮助职业学校达到培养学生职业能力的目标。这种基于培养综合职业能力为目标的课程模式摆脱了传统的以学科理论体系内在逻辑分析为主要原则的设计思想,以工作过程为课程建构的逻辑线索,强调职业教育课程体系应遵循职业相关性原则。课程方案是在行动领域、学习领域和学习情境三要素相互关系的理论分析上建立的。工作过程分析是设计学习领域和学习情境的前提与基础。学习领域课程使教学目的更为明确，学生通过独立思考来解决未来工作中可能遇到的问题，适应社会发展和职业变迁对工作者提出的高素质要求。

我国的职业教育课程开发首先是沿袭学科式课程模式，即各类课程按知识内容顺序分阶段排列，重视知识的系统性和逻辑性。这种课程开发实际上是从学科知识中选择或简化内容进行教学，而且因与实践脱节受到批判。随着国际职业教育理论与方法的介绍和引进，职教课程开发理念开始转变。其中具有影响力的有宽基础、活模块模式（KH模式）和工作过程导向的课程开发模式。KH模式强调以问题为中心，并以职业分析为依据划分模块，根据工作过程中各任务之间的内在逻辑关系，围绕能力或技能的形成组织教学内容。宽基础强调一群相关职业所必备的知识和技能，活模块侧重从业能力，强调职业岗位对从业者的具体要求，教学内容与职业资格标准对应，与岗位需求一致。高等职业教育所倡导的校企结合、工学结合不断深化和推动着职业教育课程开发研究，以满足社会对高职人才综合素质的要求。2004年教育部在《职业院校技能型紧缺人才培养培训指导方案》中提出，职教课程开发"要在一定程度上与工作过程相联系"。这一要求明确指出要按照企业实际工作任务开发课程。我国职教专家姜大源（2007）等人在研究德国学习领域课程的基础上提出工作过程系统化课程模式。其特点是保持课程学习中工作过程的整体性，而且强调以学生为中心，关注学生在行动过程中产生的学习体验和个性化创造，强调对学习过程的思考、反馈和分析，重视典型工作情境中的案例以及学生的自我管理式学习。

综上所述，职业教育课程开发经历了由学科知识导向，到能力分析导向的过程，现已向工作过程导向发展，体现了从知识到能力再到素质本位课程观的转变。学科式课程模式虽然为学生提供了较好的理论基础，但重理论、轻实践，重知识的系统性，忽视知识与具体工作的联系，因此照搬或沿袭学科式课程模式不利于职业能力的培养，无法适应和满足企业、社会对高职人才的要求。能力分析导向的双元制、CBE模式和MES模式强调学生职业能力的训练，这些模式影响并推动了我国职教课程的开发与研究，产生了丰富实用的理论和实践研究成果。但高等职业教育不仅要增强学生的专业能力，还要注重方法能力、社会能力和个性特征等方面的综合能力与素质的培养，即培养高素质技能型人才。工作过程导向的课程开发模式满足和符合这种要求，更能体现高职教育所倡导的校企结合、工学结合理念和高职人才的可持续发展能力培养目标。工作过程导向的课程开发模式在高职院校各类专业中已得到广泛地推广和运用。

二、国内外高职英语教学研究现状

高职英语属于职业英语（English for Occupational Purposes，EOP）范畴，是与某一职业活动或行业背景相关的英语，如旅游英语、汽车英语等。国外学者将职业英语纳入专门用途英语（English for Specific Purposes，ESP）研究范围。ESP分为学术英语（English for Academic Purposes，EAP）和职业英语。职业英语虽没有得到专门的研究，但其发展脉络与趋势体现在ESP研究中。20世纪60年代，随着英语成为国际经济和科技交流的通用语，ESP教学开始在语言教学领域受到关注，逐步建立完整的教学体系，形成专门的研究机构和学术刊物。ESP研究经历了从语言层面、语言应用到以学习为中心的三个阶段，研究趋势由理论研究逐步向教学实践发展。

（一）研究内容涉及ESP本体研究，包括理论研究、ESP分类和属性特征。在ESP分类研究中，研究者主要关注学术英语，如论文集《学术英语的多维视角》（Flowerdew & Peacock，2014）和《专门用途英语研究新方向》（Belcher, Johns & Paltridge, 2011）中多以学术英语为研究对象，相比之下，职业英语研究较为薄弱。

（二）ESP教学实践包括教学的各个方面，如在Hutchinson和Waters（2002）的专著中它包括需求分析、教学大纲、教学方法、教材设计等。ESP研究者普遍认为，需求分析是ESP课程目标确立、课程设计和开展教学实践的重要依据，如Basturkmen（2014）提出了从需求分析、专用话语分析到课程设置的实施路径。基于需求分析的ESP课程教学体现和强调了ESP教学的针对性、情境性和应用性。

（三）ESP研究由文本、体裁分析到采用民族志、多模态、语料库分析等多种研究方法，推动ESP研究由表层的语言描述到对深层社会、文化、认知因素的探索，从而能够揭示文本背后的语境动因。

我国高职英语教学经历了由本科"压缩型"到独立发展的过程，教学理论和实践探索不断得到发展与完善。徐小贞（2006）等人编著的《中国高职英语专业教育理论研究》推动了高职英语教学理论系统的研究和应用。该书提出了高职商务英语PEB教学模式，即"以实践为核心，以英语为主线，以商务为背景"。该教学模式为高职英语教学提供了有益的指导和借鉴。高职英语教学实践逐步由通用英语向行业英语教学转变（倪宇红，2013），并且将英语教学内容与职业岗位和行业背景结合（安晓灿，闵阅，2013），突出语言实践的仿真、案例和项目教学（刘黛琳，2008）。由此可见，高职英语教学研究已融入职业教育理念，打破学科知识体系向能力分析发展，体现了从知识到能力本位课程观的转变。

综上所述，职业教育教学和专门用途英语教学的教学观具有内在一致性，都强调教学的情境定向性和应用性。在实践层面，高职英语教学已融入职业教育理念，打破学科知识体系向职业行动体系发展，体现了从知识到能力本位教学观的转变。高等职业教育不仅要增强学生的专业能力，还要注重方法能力、社会能力和个性特征等方面的综合能力与素质的培养，即培养高素质技能型人才。英语能力是高职学生的综合素质的体现，《高职高专英语课程教学基本要求》（以下简称《教学要求》）明确提出"以培养学生的实际应用英语的能力为目标，侧重职场环境下交际能力的培养"。这一目标的实现取决于有效结合职业教育和语言教学理念，因而以下问题需要进一步系统而深入地研究。

第一，高职英语教学实践理论化研究。结合职业教育理论、专门用途英语教学理论、语言学理论与教学实践探索高职英语教学理论和原则。

第二，高职英语教学实践的系统化研究。构建从教学理论、课程开发、教学模式到教学实施的教学体系，深入探索高职英语教学过程的特点和规律。

第二节 理论基础

高职英语教学主要依据职业教育理论和语言学习理论，将职业教育理念体现在语言教学中，实现语言教学过程和工作过程的接轨。同时结合语言学理论和专门用途英语教学研究拓宽课题研究视野。职业教育理论明确课程开发研究的方向，语言学习理论使课程开发遵循语言自身规律和符合语言学习规律。我们要根据高职英语教学的特点和规律，整合各种理论的内在一致性，构建和形成高职英语教学实践理论。

一、行动体系课程模式

我国职教专家姜大源（2007）等人在研究德国学习领域课程基础上提出工作过程系统化课程模式。该模式着眼于学生的职业能力发展目标，遵循职业教育和认知规律，以职业行动情境为参照系确定学习情境，学生通过行动来学习，关注学生在行动过程中的思维训练，即资讯、决策、计划、实施、检查和评价的思维过程，强调蕴含在动态行动过程中隐性实践知识的建构，即获得个性化的经验和策略知识。这种知识不是解决是什么和为什么的问题，而是解决如何做以及如何做得更好的问题。该课程模式的特点是策略性、情境性、反思性、生成性、人本性、迁移性。工作过程系统课程开发所倡导的"行动学习"和"做中学"符合体验式学习理念。

二、体验式学习

体验式学习将学习看作以体验为基础的持续过程，包含认知、行为和情感的体验，强调主客体的互动体验，学习者在具体情境中体验、观察、类比，在此基础上获得知识的建构，并迁移到其他新的情境中。阐述体验式学习最为系统的模型是 Kolb（1984）提出的体验学习模式。该模式包括具体体验、反思观察、抽象概念和主动实践四个阶段。具体过程是指学习者直接体验新的情境，思考已经历的体验，反思观察的内容，并转换为合乎逻辑的概念，验证形成的概念并运用到解决问题之中。其中具体体验是学习的出发点，反思观察是关键，有助于更深地理解和解释直接经验并加以超越，并将经验转化为理论。这四个阶段形成一个持续不断、循环往复、认识不断发展的过程，也是融入了体验、观察、认知与行动的学习过程。这种主动体验的过程体现了"做中学"理念。体验式学习的特点是过程性、自主性、互动性、创造性和发展性。

三、语言体验观

认知语言学的一条重要原则是：现实—认知—语言，即语言是人们基于对现实世界的互动体验和认知加工形成的（王寅，2005：37）。互动体验是指人类自身对客观外界的感知与认识，认知加工是指人们对互动感知所获得的知识进行深度加工。Lakoff（1999）提出心智的体验性，认为认知、意义是基于身体经验的，是身体和心智共同的产物。身体经验包括两层意义，一是指人类对自身身体构造的感知和认识；二是通过身体与客观环境互动，感知客观事物、空间关系等，形成基本的、具体的概念，如基本层次范畴、意象图式，在此基础上人们通过隐喻等认知方式拓展出其他抽象概念，从而建构相互关联的概念系统。语言的体验观强调语言意义的理据性、隐喻性、动态性、建构性和推导性。

　　无论是职业教育教学还是语言教学都强调学习从具体体验出发，通过行动、互动获得知识。基于以上理论和教学实践，我们提出高职英语教学的ACTION行动教学模型（图0-1），用以指导高职英语课程教学和实践，实现《教学要求》提出的课程总目标，即培养学生实际应用英语的能力。ACTION是指以任务为载体，通过互动体验、观察概括、行动实践、创新运用等方式实现工作过程体验和语言学习体验，概括为自主（autonomy）、语境（context）、任务（task）、互动（interaction）、观察（observation）和需求（need）。在此模型中，自主学习是目标，语境创设是条件，任务引领是载体，互动发展是根本，观察反思是动力，需求分析是基础。这六个组成部分相互依赖、相互联系、相互影响，并共同运作。高职英语教学不仅是语言知识和技能的教学，更重要的是让学生掌握学习策略，培养学生的自主学习能力，着眼于学生的职业能力发展和可持续发展。语言教学是一种语境化教学，将一维的语言符号学习具体化为多维丰富的语境体验学习。语境包括语言、情境、心理和社会文化语境，学习、运用和语境相伴相随。要开展语言形式、意义、功能、理据、文化五位一体教学。设计语言学习和工作过程任务，学生在完成任务过程中体验语言学习和工作过程，培养学生自主合作学习能力。互动体现语言教学的本质，既包括主体之间的互动也包括主客体之间的互动，教师和学生在互动中达到意义建构。观察贯穿整个教学过程，由表及里，由显到隐，由外至内，由浅入深，观察思考语言形式和意义的特点、构成规律、语言学习运用过程以及教师和学生的行为态度,通过互动交流来反思评价学习和教学过程,结合教师和学生视角探寻规律、发现问题,通过行动实现改变和发展。需求分析是高职英语教学开展和课程开发的基础与出发点,包括学生个人需求和社会需求,教学的各个环节的实施和开展要根据需求分析进行动态的调整,以实现教学目标。自主学习、语境创设、任务引领、互动发展、观察反思都建立在需求分析之上。

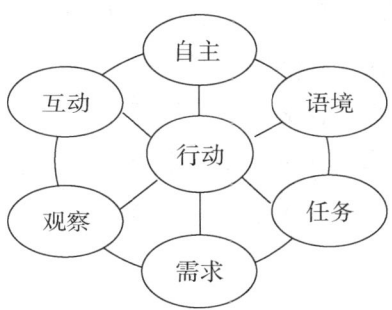

图 0-1 ACTION 教学模型

第三节 研究目标

第一,从职业教育、语言教学和学习、语言学理论出发,分析高职英语教学的理论基础,形成和构建高职英语教学的行动教学模型。

第二,以学生和教师的共同发展为目标,以行动体验为主线构建高职英语教学体系。

第三,以任务为载体实现工作过程和语言教学的有效结合,提升学生用英语处理与工作相关业务的能力。

第四,明确未来高职英语教学实践方向,为高职院校的英语教学改革提供新的思路。

第四节 研究内容

全书共分为二十章，包括课程开发、教学策略、学习策略、网络教学、课程评价和教师专业发展等。教学理论探讨高职英语行动体验教学实践理论、教学实践规律和特点。教学实践过程研究包括教学实践的主体和客体，主体是指教师和学生，客体包括微观和宏观的教学环境，包括课程设置、教学内容、教学策略、教学评价、教学资源以及社会文化环境。教学主体和客体呈现三个层面的互动，即主体自我的反思互动、主体之间的人际互动和主客体之间的人境互动，实现学生和教师的共同发展。

第五节 研究方法

一、调查研究

通过问卷调查、访谈、座谈等方式调查市场专业人才需求，行业中典型的工作过程和基本的工作任务，专业人才培养目标及职业岗位对学生英语能力的要求；调查了解学生的英语学习状况和学习需求；调查了解教学效果和教师、学生的反馈意见。

二、案例研究

选取机电英语作为个案研究并构建行业英语课程开发模式，再以点带面逐步扩展到其他行业英语。以机电行业的工作过程、典型工作环节和场景为参照来组织内容，围绕主要工作任务所需的英语知识技能设计英语学习任务。

三、行动研究

在课程模式实践过程中发现问题，通过调查设计解决问题的方案并实施，检验实际教学效果，再加以修正、调整、优化或更改，方案在教学反思中得到完善。

四、对比研究

对比研究国内外职业教育课程开发模式和专门用途英语教学。对比研究高职英语教学和大学本科英语教学，对比研究行业英语、通用英语和专业英语，定位行业英语教学目标和功能，分析行业英语教学的特点。

第六节 研究意义

一、理论意义

构建高职英语教学的行动教学模型，丰富和完善高职英语教学理论，拓宽高职英语教学研究的视野和路径，为高职英语教学改革指明方向；更新高职英语教师教学理念，促进教师专业发展和理论探索；明确高职英语教学各阶段教学的性质、目标、特点和功能，有利于指导教学各个环节的开展和实施。

二、实践意义

高职英语行动教学来源于高等职业教育的发展以及高职英语教学改革与实践，它直面教学中的实际问题，并得到应用和检验。探索新的教学方法、评价手段和教学资源，有利于学生主动参与，在行动中体验语言学习和工作过程，提高学生的职业英语应用能力和就业竞争力，使各行业人才的英语能力更符合社会和经济的发展。

第七节　创新之处

第一，采用跨学科的研究视角，整合各理论的内在一致性，构建行动教学模型，突出教学主体的作用，体现最新的职业教育和语言教学理念。改变以往单纯以语言知识传授为主的教学思路，以职业行动引领语言知识和技能教学，实现高职英语教学与职业情境、工作过程和语言学习体验的有效结合。

第二，研究内容针对工作过程和职业情境，针对高职学生的实际能力和需求。针对高职英语教学现状改变教学方式，改变学生在教学中被动接受的学习状态，将语言学习情境化为具体的行动，体现教、学、做一体化。

第三，行动教学不只是理论概念，它还可以转化为具体可操作的教学方法。本书既提出了宏观教学策略，也提出了微观具体的教学策略。虽然行业、职业岗位以及学生个体存在差异性，但所需的基本英语知识和技能是相似的，因此教学实践研究要兼顾个性和共性，教师可根据各行业工作过程的特点和要求实施个性化的教学设计。

参考文献

[1] BASTURKMEN H. Developing Courses in English for Specific Purposes [M]. Shany Hai：ShangHai Foreign Language Education Press，2014.

[2] EELCHER D，John A. M. J.，Paltridge B. New Directions in English for Specific Purposes Research [C]. Michigan，Ann Arbor：The University of Michigan Press，2011.

[3] FLOWERDEW J，Peacock M. Research Perspectives on English for Academic Purposes [C]. Bei Jing：Foreingn Language Teaching and Research Press，2014.

[4] HUTCHINSON T. English for Specific Purposes [M]. 上海：上海外语教育出版社，2002.

[5] KOIB D. Experiental Learning Experience as the Source of Learning and Development [M]. Englewood Cliffs，NJ：Prentice Hall，1984.

[6] 安晓灿，闵阅. 创新高等职业教育英语课程内容体系：行业英语教学研究 [J]. 中国外语，2013（2）：79－82.

[7] 教育部. 高职高专教育英语课程教学基本要求 [Z]. 北京：高等教育出版社，2000.

[8] 姜大源. 职业教育学新论 [M]. 北京：教学科学出版社，2007.

[9] 刘黛琳. 高职高专外语教育发展报告 [M]. 上海：上海外语教育出版社，2008.

[10] 倪宇红. 高职院校英语教学EOP转向及其影响因素探索 [J]. 外语界，2013（4）：90－96.

[11] 徐小贞. 中国高职英语专业教育理论研究 [M]. 北京：外语教学与研究出版社，2006.

[12] 王寅. 语言的体验性 [J]. 外语教学与研究，2005（1）：37－43.

第一章

高职行业英语课程开发

在国家大力发展职业教育的背景下,高等职业教育采用工学结合的人才培养模式和"以服务为宗旨、以就业为导向"的办学方针,为此,高职院校的课程必须反映职业岗位对人才的需求。为满足社会对高素质技能型人才的需要,高职学生仅仅满足用英语进行日常交流和沟通是不够的,课程设置应着眼于学生的职业发展和职业能力的提升,因此行业英语教学势在必行。现在各高职院校都已开设各种行业英语课程。行业英语不同于通用英语,它根据行业领域内典型工作流程设计教学内容,但这一课程设计理念在实际教学中未能得到体现。目前行业英语教学仍沿袭单纯的语言知识传授和技能训练的教学模式,语言学习脱离职业行动情境,不能有效培养学生的职业英语应用能力和综合素质。因而如何开发行业英语课程以体现课程的职业性和实用性成为有效开展高职英语教学的前提与关键。

第一节　相关概念

一、行业英语与通用英语

按照英语语言教学分类，行业英语属于专门用途英语（ESP）。ESP和通用英语（English for General Purposes，EGP）构成英语作为第二语言教学的两大分支。（Hutchinson & Waters，2002：17）这种分类的主要依据是 ESP 的特点，即 ESP 与职业活动相关、涉及职业场景中的语言应用。行业英语是与某一行业相关的英语，如机电英语、汽车英语、旅游英语等，其功能是服务于专业人才培养目标，即服务于各行业生产和管理第一线的高素质技能型人才。行业英语属于专门用途英语，因而也具有 ESP 的根本特点，即必须满足学习者的特定要求，在内容上与特定的职业和活动相关。行业英语不同于专业英语，后者涉及学科知识，如机电专业英语涉及机械制造、数控技术、电气控制技术、模具设计与制造等专业知识，专业英语教学需要教师和学生都要有一定的学科背景知识。行业英语涉及的是行业典型的工作过程，目的不是了解和学习学科知识，而是培养高职学生在未来职业岗位上所需的英语应用能力。行业英语也不同于通用英语，后者不涉及特定的职业活动。就如同生活与工作不能完全分开，行业英语和通用英语也有交叉与重合，而且都属于语言教学范畴，拥有共同的词汇语法系统，都遵循语言教学和学习的普遍规律。

行业英语并不是一种特殊的英语，也不是使用一套有别于通用英语的特殊的词汇和语法系统，只是行业英语语篇中更多使用行业或专业术语，更多地使用现在时、名词短语结构、被动语态、复杂句等。这是由行业英语的语域特征决定的。因而在通用英语教学阶段，教师应加强学生基本词汇和语法知识的学习，以通用英语和行业英语中的共核词汇为主展开词汇教学，要求掌握这些词汇的音、形、义、词性变化以及在语境中的运用。由于教学时间的限制，语法教学不可能面面俱到或要求学生全部掌握。我们根据学生实际提出要求学生掌握基本的语法知识，如动词的基本时态，情态动词、形容词的比较级，基本句型，宾语从句，状语从句，不定式等。

学习通用英语和行业英语的语言技能是相通的，都是要掌握基本的听说读写的策略。听力策略包括听关键词、激活背景知识、利用关键词推导隐含意义。会话策略包括使用会话策略，如掌握话语标记语进行会话的开始、持续、转换、结束等，运用评价词汇表达人际互动。阅读策略包括寻找主题句、主题段落，概括段落意义，寻找关键信息，利用背景知识预测文章内容，利用各类语篇结构知识了解文章意义。写作策略包括掌握常用的应用文体的格式和常用句型，如信函、通知、便条、电子邮件等，重点是信函的写作，如求职信、商务信函等。

Hutchinson 和 Waters（2002：18）认为，学习和交流是所有语言教学的根本。交流是目的，学习是过程。因而教师应关注整个学习过程及其相关因素的动态变化，如学习者的需求、教师自身、教学材料、学习环境等。蔡基刚（2013：57）认为，真正的 ESP 教学是语言教学而不是内容教学，ESP 教学不是针对不同的学科，而是不同学科中的共性，进而提出大学本科英语教学应训练学生的共核语言技能，即听说读写的学术交流能力。行业英语和通用英语在语言层面共性大于个性，在教学层面行业英语教学更侧重需求分析，重点应放在努力使词汇、句法和语篇与特定职业活动和职业情境相适应的语言运用上。行业英语课程应着眼于不同行业中的共性，即培养学生在职业行动情境下的交流策略和技能，将行业需求与学生需求，工作任务与语言学习相结合。

(一) 专门用途英语特点

专门用途英语是英语教学的一个分支。ESP 按学习者使用英语的目的又可分为学术英语和职业英语。国外对 ESP 的研究已建立完整的体系,已形成专门的研究机构和学术刊物。研究内容涉及 ESP 特征以及教学实践的各个方面,如教学方法、教材设计、师资培训、评估测试和需求分析等。国外研究者(Strevens,1988;Dudley - Evans & St John,1998)提出 ESP 的根本特点和可变特点。根本特点是:课程设置必须满足学习者的特别需求;在内容上与特定职业和活动相关;要充分利用其涉及的学科教学活动和方法;重点应放在努力使词汇、句法、语篇结构与那些特定的活动相适应的语言运用上。可变特点是:可以只限于某一种技能的培养;可以使用与通用英语不同的教学法;大部分 ESP 课程都要呈现语言系统的某些基础知识。ESP 的特点表明 ESP 并不是英语的特殊变体或具有专门的词汇语法形式,虽然具有倾向性的语言特点,但学习过程并不有别于通用英语。因此 Hutchinson 和 Waters(2002:19)认为,ESP 应该看成一种基于学习者需求的语言学习的途径,而不应视为一种产品或结果,并提出包括目标需求和学习需求的需求分析框架。

国内学者借鉴国外 ESP 研究成果,结合本科院校英语教学实际进行教学实践探索和研究,涉及英语专业中的商务英语,大学英语中的专业英语教学,研究内容包括需求分析、课程设置、教学方法、师资培训、教材开发等,研究方法多以问卷调查、访谈为主。近年来,有学者提出大学英语课程基础阶段应由通用英语转向学术英语教学,为大学生的专业学习和学术活动提供语言支撑,从应试到应用,回归大学英语教学本位(蔡基刚,2014:9)。

（二）专门用途英语发展阶段

1. 语言分析阶段

这一阶段经历了语域分析、语篇分析和目标情景分析三个阶段。在20世纪60年代和70年代初期，语言学研究认为科技英语之间，如电气工程和生物学之间具有不同的词汇与语法特征。语域分析的目的是使ESP教学大纲体现科技语篇不同的语域特征，这样使ESP课程与学生的需求更为相关。语域分析聚焦句子层面的语言特征，语篇分析则关注在语篇中句子如何结合产生意义，因而语篇分析关注识别语篇组织模式以及标记这些模式的语言手段。基于语篇分析的ESP教材通过设计练习让学生识别语篇模式以及语篇标记。ESP课程设置的目的是使学习者能在目标情景中使用所学语言，因而首先应识别目标情景并分析这一情景下所使用语言的特征，以此构成ESP课程大纲，这一过程称为需求分析。

2. 语言应用阶段

语言分析阶段关注描述语言表层的语言特征，而语言应用透过语言表面特征，关注语言使用的认知过程。语言使用过程涉及推理、解释等认知能力。这一阶段的ESP教材注重学习者在语言使用中的各种技能和策略，如阅读策略和听力策略。

3. 以学习为中心阶段

随着学习理论的发展，人们的目光从语言描写、使用转向语言学习过程。人们通常认为学习的过程是学习者使用语言知识和技能以便理解新信息的过程。然而了解和揭示学习者如何获得语言知识与技能的过程对语言学习至关重要。学习发生在一定的社会文化语境中，所以学习不只是个人内在的心智过程，更是个体与社会协商的过程。真正有效的ESP教学必须基于对语言学习过程的理解。

以上三个发展阶段表明ESP教学研究趋势由理论研究向教学实践

领域发展，从以语言为中心到以学习为中心，从关注社会外部需求到关注学习者内在需求。这些趋势变化也影响着 ESP 课程设计的各个环节。

二、课程设计和大纲制定

课程开发，也称课程设计（course design），是指课程整体结构的设计。Nunan（2000：14）认为课程设计是对教育项目的计划、实施、评价和管理，而大纲制定（syllabus design）是选择和确定教学的内容、形式和方法等，并对内容进行分级。由此看来，大纲制定是课程设计的一部分。大纲分为产品式大纲和过程式大纲（束定芳，庄智象，2001：157）。前者重点在学生应该获得的语言知识和技能，如语法大纲，后者重点在学习和教学过程本身，如任务型大纲。

三、职业教育课程开发和 ESP 课程开发

传统的课程开发遵循的是线性单向的程序，即由课程目标开始，然后确定课程内容、课程实施，最后决定评价方法，对目标、内容、实施成效进行反馈。这种课程观强调目标的预定性和控制性，把课程目标和实施过程分离，从结果来评价目标的达成。后现代课程观认为目标并不是简单地先于行动而是产生于行动之中，评价是以转变为目的的协调过程，应将课程看成相互关联的系统、动态变化的过程，注重个体在过程中的体验、反思和转变（多尔，2000）。

制约职业课程开发的三个外部因素是社会需求、知识体系和个性发展，因此职业课程开发的起点是从工作情境分析出发，通过社会需求、学生学习兴趣和需求的分析，结合教学分析，以此确定课程目标、课程内容和实施教学与评价。

影响 ESP 课程设计的三大因素是需求分析、语言描写和学习理论（Hutchinson & Waters，2002：22）。这三个因素涵盖了 ESP 课程设计的

六个问题：学生需要学习的理由（why）；课程学习过程中所涉及的人员，如学生、教师、行业人员（who）；学习的物理空间，如学校、企业、实习基地（where）；学习的时间，如学时的分配（when）；学生需要学习的与职业活动相关的内容（what）；学习和教学方法（how）。

由此可见，职业教育课程和 ESP 课程开发在理念上具有内在的一致性，都强调课程设置以需求分析为出发点，包括外在的社会需求和内在的个体需求，关注学习的动态过程以及学习与社会文化语境的关联。

第二节　课程开发原则

后现代课程理论以认知主义和建构主义为基础，认为课程是在满足社会种种需求的过程中生成的，强调课程的适应性、变化性和不确定性。高职行业英语课程开发也应该是开放和发展的，以适应学生和社会的需求。

一、职业性原则

课程开发应吸收国内外先进的职业教育理念和模式。坚持以行业为背景和依托，以职业行动领域中典型的工作任务引领和选择语言知识，在完成工作任务的过程中进行语言技能的训练，将工作过程与语言学习紧密结合。

二、实践性原则

行动是学习的目标也是途径。学生在行动实践中观察语言规则，习得语言知识，培养语言技能。教师在教学实践中发现问题，采用行动研究解决问题；选取个案研究，构建的课程模式在实践教学中得到验证、修正、补充、完善和丰富，再逐步推广到其他行业英语中去。

三、关联性原则

教学各个环节中课程内容是基础，教学策略是根本，评价手段是推力，教学资源是保障。各环节不是彼此独立而是相互关联、相互影响、相互渗透和相互支撑的，以形成协调平衡的教学体系。

四、主体性原则

在研究过程中，发挥开发主体的能动作用，英语教师、学生、专业教师和行业人员共同参与，尤其注重高职学生的语言基础、语言能力、认知、心理特点和需求。英语教师应加强彼此之间以及与专业教师的合作，了解和熟悉相关行业知识，从而有效开展和实施课程方案与教学各个环节。

五、整体性原则

教学实施强调语言的整体性，在语境中开展词汇和语法教学，听、说、读、写、译语言技能之间相互关联。要以任务、主题为载体，师生和学生之间进行真实的交流。综合运用教学策略，如合作、自主、情景和任务教学。从整体着眼，综合动态地评价学生。

第三节 课程开发模式

高职行业英语课程开发以提高高职学生职业英语应用能力为目标，以工作过程为导向，以行动体验为主线构建行业英语课程体系。首先确定课程开发主体、开发过程和开发成果。听取专业教师意见，通过企业调研，分析行业工作过程和专业人才培养目标，参照工作过程，从课程内容、课程组织、课程评价和课程资源四个方面进行研究与开发，最终形成课程知识和技能要求、教学活动设计、口试笔试考核标准、教师教学空间、电子课件、网络学习平台、教学文本材料等一系列开发成果。开发过程和结果会反馈到开发主体，形成新的行动体验过程，循环推进，螺旋式上升。课程开发模式，如图1-1所示。

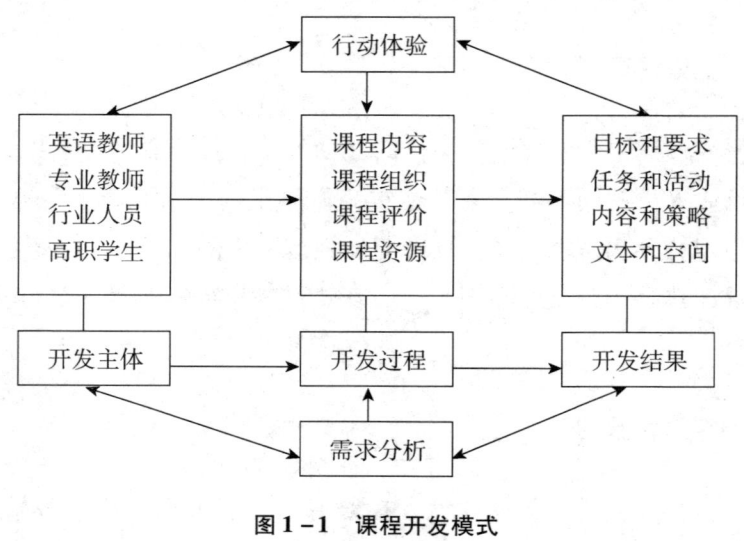

图1-1 课程开发模式

第四节 课程开发内容

高职行业英语课程开发遵循职业性、实践性、关联性和主体性原则，具体体现为课程内容目标化、课程组织任务化、课程评价动态化、课程资源立体化和课程团队专业化。

一、课程内容目标化

课程内容包括四个维度的目标：知识、技能、策略和素质。改变以往以单纯语言知识传授为主的教学，融入行业知识，围绕行业的典型工作过程开展语言知识教学和语言技能训练。例如机电行业的典型工作流程构成八个教学单元。工作环节以"产品"为核心，包括建立业务关系、市场调研、机电产品设计、产品生产、产品检验、安装维修、运行和生产管理、营销和售后服务。细化每个工作任务所需的知识和技能。语言知识讲解遵循实用、够用和应用原则。分析行业英语在词汇、句子、语篇层面上的特点，要求掌握通用词汇、识别行业词汇，联系并激活学生已有的知识和经验，揭示词汇意义形成和拓展的认知规律与理据，提高学习效率。以语块和搭配为中心组织教学，逐步构建工作语境中的典型句型和语篇图式。突出听说教学，掌握基本的商务技能，运用职业场景的基本语言表达完成交际任务，如打电话、产品介绍、价格协商、市场调查及汇报等。阅读理解与机电行业有关的材料和信息，套写职场工作中的应用文，如信函、求职信、通知、产品调研、生产和检验报告。掌握和运用语言学习策略，培养学生自主学习能力以及学生的自信心、意志力、合作精神和跨文化意识。

二、课程组织任务化

顺应学生的认知风格、语言能力和心理需求，根据工作任务和语言学习设计教学活动、任务，体现活动和任务的个性化、多样化、趣味性和丰富性，将活动和任务融入课堂教学，融合工作过程和语言学习体验。将语言学习情境化为具体行动，改变学生被动接受知识的学习状态。利用多媒体技术，结合任务教学、情境教学和体验教学，从情境体验、认知加工、巩固储存到实际运用，学生在此互动过程中不断构建和完善知识体系。通过资讯、决策、计划、实施、检查和评价完成任务，学生在行动过程中获得思维方法和能力，学会收集、分析、归纳和综合信息，以此指导和适应新的学习任务，并将这种能力迁移到未来工作情境中。

三、课程评价动态化

结合过程性评价和终结性评价，制定笔试和口试评价主体、标准、内容和形式，全面衡量和提升学生的综合素质与职业能力。评价采取教师评价、学生自评和学生互评的方式，内容上考查学生的知识、技能、行动和情感，关注学生的个体差异和智力特点，主要观察学生的情感和态度，因为高职学生英语普遍基础较弱，对英语学习甚至有抵触情绪，因此态度的改变和积极情感的体验是有效教学的前提。改革评价方式，期评成绩由平时成绩加上期末考试，各占50%，关注学生学习过程中的认知和情感的变化与发展，这样有利于激发和维持学生的学习动力。平时成绩包括语音测试、口语练习、小组活动、书面作业、课堂表现、课堂出勤。考核内容和方式依据学生的水平分阶段进行，如学期开始阶段侧重语音和日常会话练习，然后做相应的调整；开展其他英语活动，如朗读、背诵和自由表达。除了对学习效果的评价，完整的评价体系还包括对教学效果的评价，如教师自我评价、学生评价、同行评价以及学校督导评价。开展评教有助于教师树立专业化发展意识，提高教师的教学能力，推进教学和课程改革与发展。

四、课程资源立体化

在充分利用现有的与教材配套的教学资源基础上，开发符合教学需求和学生需求的文本、视频、音频资料和电子课件，建设职教新干线的教师教学空间。充分利用教学空间进行作业的布置、上传，提供学习、教学、科研资源的共享平台。同时加强教师之间、教师与学生的空间互动、交流与沟通。延伸课堂教学，开展课外活动，如鼓励学生与外教交流，参加口语协会、英语风采大赛、英语辩论赛以及口语写作技能比赛。教师提供英语学习的网络资源，丰富学生的学习内容。拓展语言实践场景和空间，由课堂模拟情境、校内仿真情境到真实工作情境，为学生的语言体验和实践提供机会与场所，从而最大限度地体现语言使用的价值。

五、课程团队专业化

高职英语教师作为课程开发的主体，其专业化发展十分关键。专业化发展是指教师为获得新的技能和知识持续地思考与实践。行业英语教学给高职英语教师提出了新的挑战和问题。教师的教学理念、角色定位和专业知识结构都应做相应的变化与调整，才能顺应高职教育改革和发展，更好地胜任高职行业英语教学。高职教育改革大力倡导培养双师素质教师。具备双师素质的高职英语教师应既具有语言知识和技能，又具备一定的行业知识和实践能力。高职英语教师应树立终身学习的理念，有意识地丰富、完善专业知识结构，提升教学能力。教师专业化发展模式分为自主式和合作式。自主发展意识是教师专业发展的内在驱动力。高职英语教师应自觉学习语言学、语言教学和学习理论以及职业教育理论，通过自学、学位进修、访学和参加学术讲座，拓宽视野，了解学科理论发展的前沿成果，加深对语言现象、语言教学和职业教育规律的认识。只有在深入认识和思考的基础上，才能有理论创新，为教学实践注入活力。实践知识是在具体的教学过程中积累的经验知识，具有鲜明的个体性和动态性。教师应学会观察、反思教学过程，撰写教学日志，善于发现问题并开展行动研究，将理论转化为实践，将实践知识上升到理论层面。其次要加强教师之间的合作。英语教师之间组成教学科研团队，通过相互听课评课、定期召开研讨会、课题申报、课程建设、参加各类教学竞赛、教师空间建设进行相互间的交流与学习。同时加强与各院系专业教师的合作。如观摩专业教师的课堂和实训教学、了解行业基本知识，让专业教师参与课题研究，与专业教师共同参加企业实践、培训和调研，了解行业企业的工作过程以及社会对高职人才英语能力的要求。

第五节 小结

英语应用能力是高职学生综合素质的体现，是学生职业能力的构成部分。行业英语课程开发参照行业典型的工作过程和工作任务，以工作任务引领语言知识和技能，以此重构课程内容，实施组织教学，构建评价体系，建设课程资源，让学生在行动中获得体验，在体验中建构知识，提高语言应用能力。打破传统以学科知识体系为逻辑的课程开发思路，行动体验的课程开发以连续的工作过程情境为教学参照，从而达到在学生头脑中再现整个实际工作过程的目的，使英语教学与工作过程紧密联系。针对高职学生的实际认知能力和需求，将语言学习情境化为具体的行动，这样学生就能在完成工作任务和学习任务的过程中体验工作过程与语言学习，体现教、学、做一体化，突出学生职业能力发展。由于行业和岗位的差异性以及学生的个体差异性，课程开发模式要兼顾个性和共性。各行业的工作过程和工作任务有差异，但所需要的基本的英语知识和技能是相似的。因而英语教师可根据各行业工作过程的特点和要求实施个性化的教学设计，发展和完善行业英语课程模式。

参考文献

[1] Dudley–Evans T., John M. Developments in English for Specific

Purposes [M]. Cambridge:CUP,1998.

[2] HUTCHINSON T., Waters A. English for Specific Purposes [M]. Shang Hai:Shang Hai Foregn Language Education Press,CUP,2002.

[3] NUNAN D. Designing Tasks for the Communicative Classroom [M]. Bei Jing People's Education Press,2000:14.

[4] STREVENS P. ESP after twenty years:A reappraisal [A] // Tickoo M. ESP:State of the Art. Singapore:SEAMFO Regional Centre,1988:1-13.

[5] 蔡基刚.误解与偏见:阻碍我国大学ESP教学发展的关键 [J]. 外语教学,2013(1):56-60.

[6] 蔡基刚.从通用英语到学术英语:回归大学英语教学本位 [J]. 外语与外语教学.2014(1):9-14.

[7] 多尔.后现代课程观 [M]. 王宇红,译.北京:教育科学出版社,2000.

[8] 教育部.高职高专教育英语课程教学基本要求 [Z]. 北京:高等教育出版社,2000.

[9] 束定芳,庄智象.现代外语教学——理论、实践与方法 [M].上海:上海外语教育出版社,2001.

第二章

高职商务英语专业课程开发

随着我国对外经济贸易交流的日益频繁,社会对商务英语人才的需求量越来越大。在此形势下,各高职院校纷纷开设商务英语专业,培养具有较强的英语语言应用能力和广泛的商务知识的应用型英语人才。课程建设和改革是人才培养的核心,也是提高教学质量的关键。目前各高职院校大力推行工学结合的人才培养模式,并以此为切入点,带动专业调整与建设,引导课程设置。高职教育具有高等教育和职业教育的双重性质,与普通高等教育相比,高职教育的职业性更加明确。因此,在商务英语课程设置和建设中,不能照搬本科院校的课程模式,应根据高职教育的特点和人才培养目标规划制定课程。为构建合理的高职商务英语人才培养模式和实现人才培养目标,如何设置课程和建立切实可行的课程体系成为高职商务英语教学改革的重点。

第一节 商务英语学科定位

尽管商务英语学科归属备受争议,但目前,学术界普遍认为商务英语专业应属于应用语言学的研究范围。该观点认为,商务英语是以语言学和应用语言学为指导,涉及多门类、跨学科的交叉性综合体,是英语的一种重要功能变体,也是专门用途英语的重要分支(刘法公,2009:

15)。商务英语除涉及语言学外，还涉及文化、经济、贸易、管理和法律等诸多学科。这种交叉性说明它只是上述学科的部分内容的综合，而不是这些学科全部内容的总和。同时这种交叉性既表明商务英语在学科上的独立性，也表明它具有综合性。语言学、应用语言学、经济学等学科的有关理论是商务英语学科的理论支撑。语言是依托，基本商务知识的学习和掌握是目标，即商务英语是提供一种相对完整、具有整体性的商务知识的语言学习过程。目前，商务英语专业已是英语学科下面的一个专业，与现有的英语专业，如语言文学类、翻译并列，成为英语学科的一个新的专业增长点。

第二节 商务英语人才培养目标

《高职高专英语专业的指导性专业目录》（以下简称《专业目录》）中提出，商务英语专业的培养目标是：培养在英语环境下具有较强的商务运作、商务交际和管理能力的高等技能型专门人才。商务英语专业主要就业单位为中小型涉外企业、外贸公司、海关、服务外包公司等；毕业生所从事的工作为商务翻译、外贸业务员、涉外文秘、报关员、单证员等，这些岗位需要从业者具备英语和商务两方面知识与能力。其他能胜任的岗位还包括外资企业、涉外企事业等单位的文员、行政助理等（刘黛琳，2008）。我们在充分调研的基础上结合本校实际制订出商务英语人才培养方案并提出专业培养目标：面向涉外贸易行业/企事业单位（行政机关）外贸跟单、外贸单证、外贸业务和外贸文秘等一线岗位，培养拥护四项基本原则，德、智、体、美全面发展，身心健康，具备岗位任职要求必备的英语语言基础知识、国际商贸专业知识和创新创业精神，熟练掌握国际贸易进出口业务操作技能及计算机等现代化办公设备的操作等综合职业技能，有较强的应用技术实践能力、应用技术创新能力、创新创业就业能力，较高的综合素质和优良的职业素养，能适应生产、建设、管理、服务需要的可持续发展的高素质技术技能型专门人才。

第三节 商务英语专业课程体系构建原则

设置合理科学的商务英语课程，必须以课程理论为指导，并进行课程分析和课程规划。后现代课程论以认知主义和建构主义为基础，强调课程的适应性、建构性和非线性的特点，从生成、反思、转变、发展的角度设计课程标准，实现课程的丰富性、回归性、关联性和严密性（多尔，2000）。商务英语课程体系的构建应该是开放和发展的，具有适应性和不确定性，需要在教师、学生和社会需求之间不断协调。

一、科学性原则

科学性要求商务英语专业的课程体系设计必须吸收国内外先进的职业教育理念和模式，遵循课程理论，依据商务英语这一应用交叉学科的定位与内涵以及自身的发展规律。商务英语的学科定位表明商务英语专业的课程设置并不是简单地在英语课程中加入商务知识，而是将两者有机结合，实现英语课程和商务课程的交叉融合，相辅相成。

二、系统性原则

商务英语专业的课程体系必须有全局观念，有系统地统筹规划。根据本专业的学科发展、生源情况、市场需求和就业形势等状况确定专业课程建设方向。在课程制定和实施过程中，要考虑高职学生的认知特点和职业发展规划，体现出知识学习的层次递进特征。

三、实践性原则

实践教学是职业教育的重要内涵。实践教学在教学计划中应占有较大比重。针对学生就业岗位的能力需求开展形式多样的实践活动，使学生在多种商务环境中得到锻炼，培养出良好的综合应用能力，同时要有效全面地评估学生的实践活动，使实践活动顺利进行。

四、发展性原则

科学合理的专业设置必须与时俱进，注重课程设置的灵活性和动态性。要经常开展社会调查，了解社会对商务英语人才的需求变化情况以及对人才素质和能力的要求，并以此及时调整、整合、完善和优化课程体系，以适应社会对高职商务英语人才的需求。

第四节 商务英语课程体系结构

为适应工学结合人才培养模式，我院商务英语专业对课程设置进行了探索和实践，逐步形成"宽基础、活模块"，以就业为导向的"层进式"模块化商务英语课程体系。本课程体系分为通识教育模块、商务知识模块、商务综合技能模块三大部分，模块之间层层递进，既相互独立，又相互依存。其特色是顶岗实习前开设学生从业所需的对应课程，相对集中教学课时，有针对性地强化训练专项商务实际操作技能。具体课程结构如表2-1所示。

表 2-1 商务英语课程结构

模块		课程	目的
通识教育模块	人文素质模块	大学语文、应用数学、体育、思想品德、计算机基础及应用、就业指导与创业教育、职业规划	培养人文素质
	英语技能模块	视听说、英语听力、英语口语、英语语音、综合英语、英语阅读、语言与文化	培养听、说、读、写、译能力
商务知识模块		电子商务、国际商法、国际金融	掌握商务专业知识
商务综合技能模块		国际贸易专业英语、商务英语口译、商务英语单证、商务英语谈判、商务英语翻译、商务英语写作	培养运用英语进行商务沟通的能力

第五节　商务英语专业课程体系的特点

一、以就业为导向，适应市场需求

高职教育的一个显著特点是针对性和应用性强，因此课程设置必须能够反映出行业最新动态和社会对该专业素质与能力的要求。商务英语专业特点决定了课程的设置要符合市场的需求，以学生就业为导向，根据社会需求开设专业课程。根据行业或领域职业岗位要求，分析确定商务英语人才所应具有的关键职业技能和职业素质，据此设置出所需的核心专业课程和职业技能课。然后从高职教育对学生的政治思想素质、身体心理素质、人文素质、科学素质的全面发展要求出发，设计基础课和特色课程。这在教学目标上确立了工学结合的培养理念。高职教育的课程体系不管是知识体系还是实践体系,都必须以应用为主旨,准确把握人才市场对高技能人才在知识、能力、素质等方面的具体要求,确保课程体系实现高技能人才培养的目标。我们要广泛发动老师,对人才市场、用人单位、往届毕业生展开调查,了解商务英语人才的培养规格,征求询问毕业生对课程设置的反馈意见。在充分调研的基础上,及时修订教学计划,增添或整合一些相关的误程,增加实践教学比例,对教学目标进行科学定位,以期增强学生的职业能力。

商务英语所开设的课程不是针对某个单一岗位,而是针对相关的岗位群所需的知识和技能,着眼于学生的可持续发展,着眼于学生转岗能力和关键能力的培养。从商务英语专业所面向的岗位群看,主要集中在商务助理、商务翻译、外贸业务员等,因此在模块设计中应考虑这些岗位所必备的知识和技能。

二、以能力为核心,体现职业本位

职业本位主张职业教育以学生的职业发展为中心,以职业岗位对学生职业素质和能力的需求为标准进行职业教育的设计、实施、管理和评价。这是一种以人为本,以市场需求为导向的职教新思想。以人为本就是在职业教育中要以学生职业生涯发展、终身发展为职业教育的根本。以市场需求为导向就是要以学生专业所对应的职业岗位对职业人员的素质、能力需求为导向,使职业教育面向市场、面向职业需求,提高就业率和学生的社会适应能力。《专业目录》中提到的高职商务英语专业核心能力是指:具有在国际商贸领域的英语环境下较熟练地运用英语听、说、读、写、译的基本技能,在商务与管理等方面的实际工作能力和一定的跨文化交际能力及基本的计算机应用能力。根据社会对商务人才的整体需求来看,高职商务英语人才应涵盖以下能力要素:健全的身心素质和诚信品质;英语语言技能综合运用的能力;运用英语进行一般商务沟通的能力和跨文化交际能力；了解商业行业惯例和商务活动各方面的理论、法规、程序，具备一定的操作能力；现代办公设备应用能力。Ellis（2002）认为，商务英语课程强调商务技能和语言运用能力培养，重视学习者的参与和语言输出能力的培养。因此课程设置的基本思路是围绕培养学生的职业能力这一主题将课程与培养目标及专业能力进行有机结合，形成一个以综合能力培养为主的课程体系。在设置课程时必须确保各项能力目标都有相应的课程或课程模块，即以能力为中心构建理论教学体系和实践教学体系，拓宽基础，注重实践，加强能力培养，提高综合素质。

模块化的课程设置不仅让学生掌握职业岗位所需的知识，而且培养学生的专业核心能力和素质。如通识教育模块包括人文素质和英语技能模块，提高学生基本人文素质和英语听、说、读、写、译的基本技能，要求学生熟练掌握计算机基础知识和基本操作技能，熟悉办公自动化软件的使用，能利用计算机进行商务信息处理；商务综合技能模块中的商务口译和商务写作突出语言输出与英语语言应用能力的培养，使学生能进行商务沟通、交流和谈判，并具有进出口业务的实际运作、制单、报关等能力；商务知识模块让学生掌握市场营销、国际贸易、国际商法等方面的一般商务理论知识，满足业务开展的需要；商务综合技能模块侧重商务口译员、外贸业务员、涉外事务办公室文秘等具体岗位，开设相应的商务英语口译、外贸函电与单证、日常商务公函写作等课程，并根据学生就业定位意向、教学课程需要以及市场需求将班级重新组合为商务口译班、函电与单证班、商务文秘班，分别培养其用英语进行商务口译、外贸业务操作、处理涉外办公室日常事务等实际操作技能，为以后对口就业做好充分准备。

三个模块组成的体系比较注重课程安排的层次性，课程体系的开放性和技能掌握的有效性。各模块的知识、能力和素质相互渗透，既有静态的相对独立性，又有动态的融合共生性，从语言应用能力到商务运作能力，再到综合素质能力，最终服务于涉外商务沟通这一职业能力的实现。

三、以实践为根本，突出学以致用

工学结合的人才培养模式突出实践能力的培养，改革的重点是教学过程的实践性、开放性和职业性。要把实践教学贯穿于人才培养的全过程。这一人才培养模式明确要求加强课程的综合性和实践性，注重培养学生的实践能力。实践性原则要求重组课程结构，更新教学内容，改革教学方法。商务英语专业实践教学在教学计划中占有较大比例，并建立了相对独立的实践教学体系。课程设置以职业能力为核心，同时也必须突出课程的应用性和实践性。一方面强调课程内容的应用性，以解决实际问题为中心，打破学科界限，使内容组织服务于所要解决的职业领域的问题；另一方面强调课程模式的实践性，使学生有机会将专业知识与职业技能结合起来，增强职业适应性。

该课程方案中实践教学环节有课堂实践、校内实训、社会实践、校外实习和毕业设计五个环节。课堂实践和校内实训开展模拟情境教学，社会实践和校外实习是体验式学习，在体验中理解、运用所学知识，达到自主建构知识的目的。实践教学和理论教学交替进行，使学生在"学中做、做中学"，达到理论、实践教学一体化。实践内容既有语言基本技能实践，也有商务综合技能实践。后者将语言知识、技能与商务知识有机融合，体现综合素质，是实践教学的重点。教学要求突出基础理论知识的应用和实践能力的培养，基础理论教学以应用为目的，以必需、够用为度，专业课教学加强针对性和实用性。教学内容的设计以工作任务为导向，分析了解实际工作过程和情境，以此选择安排教学内容，强调教学内容的职业相关性。学生模拟实际工作场景根据所学的语言和商务知识自主地通过收集信息、计划、执行、检查及修改评估的行动过程完成工作任务。

为增强学生就业竞争力，应将取得职业资格证纳入教学中，即开设相关课程以取得相应的职业资格证，实现双证融通。如获得外贸跟单员证书、国际商务单证员证书相对应的课程有商务英语写作、商务英语单证等；取得外贸业务员证书对应的课程有商务英语、商务英语谈判等。

第六节　小结

高职院校商务英语专业培养的是具有较强的英语语言应用能力和广泛的商务知识的应用型英语人才。课程设置是实现人才培养目标的关键。商务英语课程设置应遵循科学性、系统性、实践性和发展性原则，从而构建以就业为导向、以能力为核心、以实践为根本的科学合理的课程体系。

参考文献

[1] 多尔. 后现代课程观 [M]. 王宇红, 译. 北京：教育科学出版社，2000.

[2] 刘法公. 中国从无到有的商务英语学科 [J]. 外语界，2009 (6)：15.

[3] 刘黛琳. 高职高专外语教育发展报告 [M]. 上海：上海外语教育出版社，2008.

[4] ELLIS M. Teaching English Business [M]. ShangHai Foreign Language Education Press，2002.

第三章

高职行业英语教学模式

行业英语课程内容体现行业中典型的工作流程,参照工作情境并以工作任务引领语言知识和技能,实现语言学习过程与工作过程有效结合。然而这一课程的职业性特点并未在教学实践中得到体现。教师往往遵循单词朗读—课文翻译—练习讲解的模式,语言学习脱离职业行动情境,学生仍然是被动地接受语言知识,教学模式和教学组织呈现单一化与静态化特点,这必然造成课堂气氛沉闷,学生缺乏学习动力,不能有效地掌握知识,也就无法恰当自如地加以运用。英语应用能力是学生职业能力的构成部分。高职英语课程教学要求明确提出,英语教学旨在提高职场环境下学生的英语综合应用能力,同时培养学生的自主学习能力。因此,教师应更新教学理念,融合职业教育和语言学习,着眼于学生的职业能力和职业发展,根据行业英语课程特点和目标以及高职学生的实际情况和需要,探索、设计和尝试更加有效的教学模式与教学策略。

第一节 模式内容和特点

在行动教学模型框架下我们提出多维互动、认知加工、语义建构和实践运用四步教学模式(图3-1)。在语言学习中,多维互动是前提,认知加工是关键,语义建构是根本,实践运用是目的。这四个阶段不是离散的过程,而是以行动体验为核心构成的一个连续整体,相互交织、相互融合、相互联系。该模式通过行动融合语言学习和工作过程体验,让学生在动态行动过程中建构语言知识,掌握语言技能,体现高职英语教学的职业性和实践性,关注学生的认知、心理、情感和态度发展,突出学生职业能力和综合素质的培养。该模式强调以任务、活动为载体,充分激发学生的学习主体性,遵循从输入、吸收、储存到输出循环发展的语言学习和认知过程,体现输入输出的丰富性和多样化、认知加工的精细化,从而构建相互连接的意义网络。

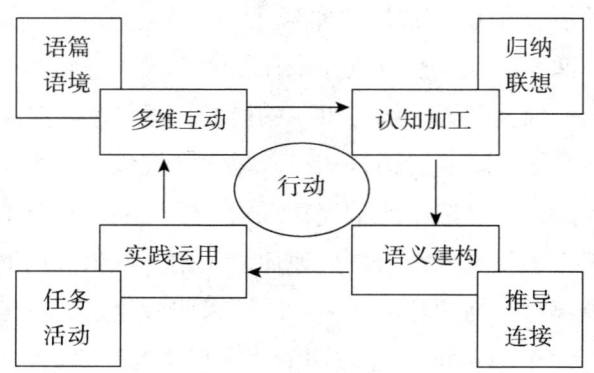

图3-1 高职行业英行教学模式

第二节 多维互动

我们结合行业英语词汇教学探讨四步教学模式的应用。多维互动体现在两个方面:一是语篇层面,即语篇与其组成要素词汇、语法之间的互动;二是情境层面,即主体之间的人际互动,主体和客观环境包括与情境语境之间的互动。多维互动为英语学习提供丰富多样的感知体验信息。词汇学习应置于语篇层面而不是孤立地学习,如词汇与语篇模式、语篇主题、语篇衔接和语篇评价之间的关系,以及书面语和口语之间的词汇差异。英语学习不能脱离情境,应与情境相伴相随。目前英语学习主要是在课堂这种非真实的语言环境下进行,教材是学生获取语言知识的主要来源,所以教师应尽量创设情境。《机电英语》以机电行业的典型的工作环节为教学单元,包括建立业务关系、市场调研、机电产品设计、产品生产、产品检验、安装维修、运行和生产管理、营销和售后服务八个环节,构成一个连续的工作情境体验过程。每个单元通过工作任务选取和学习语言知识,培养学生的听、说、读、写各项语言技能。对于相对陌生的职业情境,教师可以联系学生已有的经验或激活学生较为熟悉的情境。如在公司介绍中,教师可以当地著名的企业为例,了解如何在口头上和书面上介绍企业,涉及企业的名称、位置、历史、产品经营范围、销售服务等,以此学习相关的词汇。除教材提供的工作情境体验外,教师还可利用多媒体技术,提供丰富的视频材料进行词汇教学。多媒体教学利用声音、图像形象生动地展示语言材料,更能丰富学生的视觉和听觉体验,更有利于知识的意义建构。实验研究表明当学习者在视频材料中看到一些物体或情形,形成视觉意象时,想表达这些内容的愿望会增加,此时学习相关的词,很快便会学会。根据心智的体验性,语言教学应设计教学活动突出动觉体验,Holme(2011:23)提出利用肢体动作体验和理解词汇的意义。例如通过让两个学生互相推掌、彼此支撑的活动理解 stand your ground 的意思,通过让学生把一本厚书放在手背上,然后高高举过头顶,来体会 I can't stand it 的意思。

  词汇学习不能只囿于课堂环境,语言运用与语境相伴相随。王初明(2007:190)将外语学习的语境分为直接语境和间接语境。通过教材内容创设的情境只是一种虚拟的语境,是学生利用大脑背景知识再现情境,学生不是语境的直接参与者,所以创设情境是一种间接的语境体验。而与此相对应的是直接语境,说话人自身为情境中的一部分,语言体验发生在语言与情境的直接互动过程中,如学生与英语本族语者自然地谈话与交流,这时语言形式与情境直接发生关联。直接语境具有真实性和体验性特征,是促进外语学习的最佳语境。然而间接语境也可以为外语学习提供真实的语境,如选择原版的文本或视频材料,如电影、小说等,这些材料真实地反映了本族语人的社会交往和文化习俗。在缺少与本族语人直接交流的情况下,提供丰富的间接语境,学生不仅能接触到地道的语言表达形式,还能体验与语言形式相匹配的情境。

第三节　认知加工

学生在情境中接触到词汇后,通过认知加工才能发现并获得较为全面的词汇知识,如读音、词形、词义、语义、搭配、语篇、语境、策略等方面的知识,这样才能做到运用词汇的得体性和规范性。在高职英语词汇学习中最重要的是词形、词义和搭配。《机电英语》中提供形式多样的词汇练习,包括会话填空、词义配对、词形变换、运用短语进行句子翻译和仿写,这些练习有利于对词汇知识的认知加工。同时对于教材中的词汇提出不同的认知要求,要求理解掌握通用词汇、辨认识别行业词汇。在课堂教学中,通过观察、分析和归纳了解掌握常见词形变化的规律性,例如利用词缀进行名词、动词和形容词之间的转换。运用认知语言学的隐喻、意象图式和象似性揭示词义形成与变化的认知理据,从而加强词汇的记忆,例如介词、短语动词的学习。我们提出以语块为中心的词汇教学,强调语块的识别、拓展、运用和习得。研究者从不同的角度研究语块的性质和特点,所使用的术语不同,所包含的范围也不相同,但都认为语言中存在大量的惯例化的语块和搭配,这些语块是形式和功能的结合体,应成为语言教学的中心。言语交际中语块的运用是语言学习者词汇能力和交际能力的体现,如价格商议中出现的语块:

make it a little cheaper, reduce the price, offer some discount, meet each other half way, call it a deal。认知心理学认为记忆痕迹的持久与加工层次有关,输入的信息只有经过精细复述才能进入长时记忆中(王甦、汪安圣,1991:129-130)。精细复述是一种语义深层加工。教师应充分发挥学生的主动性和想象力,联系学生已有的知识和经验,利用对比、图式、联想、组块方法,将词汇组织成相互关联的语义网络,如上下义、同义、反义等关系。

第四节 语义建构

词汇语义建构是指词汇意义的获得以及储存。词义的获得不是仅仅依靠记忆词典释义或教材中的中文意义。一方面,为减轻记忆负担,学生无须记住多义词的所有词义,可以根据基本意义、物理体验和认知方式进行推导,建立意义之间的理据,形成相互联系的意义范畴。例如,tip 的基本义是尖端,新学的词义表示倾斜,这两种意义的联系依据人的经验,即尖的东西容易倾斜、倾翻。例如 board 的基本词义是木板,还可表示董事会、膳食、剧院等意义,这些意义的形成是由于转喻认知方式。另一方面,词义是在语境中动态建构的,例如 tolerance 的一般意义是容忍,而在科技语境中表示公差,即容忍的误差。因而,教师应注重培养学生这种根据已有知识和经验进行词义推导的认知能力。学生在学习外语之前,已获得相对成熟的母语概念语义系统。在母语系统中,词与词之间的信息以概念网络的形式连接在一起,而不是像词汇表或词典那样一一罗列出来。因此建立一个类似特征的外语心理词库是词汇学习的目标(董燕萍,2005:46)。这种概念网络不仅包括词汇的语义关系网络,同时也包括词汇的背景知识网络,后者构成词概念框架。在认知语言学中,框架指的是一种表征关于具体而常见情境的知识结构,具有个体体验性和文化差异性。框架是对情境或经验的概念化，为词义的理解提供了相关的背景知识。根据语言的体验观，词义不是对现实世界的镜像反映，而是来源于人对客观世界的认知体验，因此词的概念结构受到认知方式和文化模型的影响，词汇翻译对等词所激活的框架并不是完全等同。例如英语的 red 汉语的"红色"，共有概念是颜色，但在 red 框架中，danger 与之连接，而红色框架中连接的是"喜庆"。心理语言学的研究表明，双语词汇的储存方式与外语水平的高低有关。外语水平较低时，外语词汇和概念的连接要经过母语词汇的对等翻译才能发生联系，也就是说，当看到一个词语时，首先翻译成汉语，然后用汉语的概念来理解该词的意义。这是因为在外语学习的初级阶段，外语知识表征会受到母语系统的影响，产生正负迁移。仿真情境中的语言体验和词汇的深层语义加工有利于加强词汇形式与意义之间的连接，促进外语词汇意义网络的建立，从而逐渐减少母语负迁移的影响。

第五节　实践运用

学生通过对学习过程的体验来发现语言和语言使用的规则，并将这些规则运用于进一步的语言实践中，从而完成自己语言能力的螺旋式上升。词汇知识同样只有在大量的有意义的交际实践中才能不断地内化或自动化。《机电英语》把词汇教学与听、说、读、写技能的培养融合在一起，如通过会话听写词汇，根据短语进行情境会话。在词汇教学中，教师应将所学内容与学生的生活经验和工作过程相联系，以小组活动、话题讨论、角色扮演等形式，引导学生主动参与到语言学习和运用中，以行动体验来达到运用词汇的目的。任务型教学主张将教学内容活化为不同的任务，分配到各小组，组员之间分工协作，共享信息与资源、共同完成任务。任务型教学体现行动过程的完整性，强调互动、合作、意义学习。二语习得理论认为，动机、自信及焦虑是影响二语习得成功的关键。合作学习状态下的相互影响、相互合作的环境，比个体的、相互竞争的环境更易于激发学生的学习动机。合作学习创造了良好的情感环境，促进组员之间的情感和经验交流，组员之间相互合作、相互依赖有助于增强学习者的自信心和自尊心。课堂上开展的任务有工作过程任务和语言学习任务。工作过程任务是根据每个工作环节进行设计的，如客户接待、价格商议、公司介绍、图表描述、会议通知、设备安装、产品推销。词汇学习活动有词汇接龙、词汇描述、连词成句、连词成篇、词汇传递等，例如在连词成篇活动中，教师将任务分给各小组，要求学生对所学的词汇进行创造性的使用，编成一个完整的故事或片段，以口头陈述或写作的形式展示。此外开展以寝室为单位的小组活动，选出小组负责人，充分发挥小组各成员的能力和特点，共同计划决策活动的内容和形式，然后开始资料的收集、选择和编辑，最后进行课堂展示，如英语对话、英语电影介绍、英语歌曲演唱、英语诗歌朗诵等，教师与学生共同进行评价。小组活动展示学生从计划到实施评价的行动能力，是学生平时成绩的重要考核内容。鼓励学生参加课外英语活动和职业技能竞赛，如口语协会、英语配音、英语演讲、英语辩论、英语风采大赛、口语和写作技能竞赛等。

第六节　小结

　　行动四步教学模式不仅关注学生的语言知识和技能，更关注学生语言策略知识的形成以及行动能力。外显的行动能力是学生内在综合素质的体现。这样，高职英语教师应顺应学生的语言能力、实际需求和智力特点，设计个性化的语言学习和工作任务以及活动，从知识讲授转变到知识建构，将抽象的语言符号学习具体化、形象化，通过"做中学"

实现语言学习的情境化,让学生在互动中感知、体验、观察、发现和概括语言形式与意义形成的规律性,让学生成为自主学习者和行动者。

参考文献

[1] HOLME R. Cognitive Linguistics and Language Teaching [M]. BeiJing: Foreign Language Teaching and Research Press, 2011: 23.

[2] 董燕萍. 心理语言学与外语教学 [M]. 北京: 外语教学与研究出版社, 2005: 46.

[3] 王初明. 论外语学习的语境 [J]. 外语教学与研究, 2007 (3): 190-197.

[4] 王甦, 汪安圣. 认知心理学 [M]. 北京: 北京大学出版社, 1991: 129-130.

第四章

高职英语自主学习策略

当今是信息和知识爆炸的年代,学习者要具有终身学习的观念。随着学习和语言教学理论与实践研究的不断深入,学习过程受到关注,研究重心由教师"如何教"转移到学生"如何学",由此自主学习成为研究焦点。Holec(1981)提出,学校应该设立两个教学目标:一是帮助学生获得语言和交际技能;二是帮助学生获得自主,即学会如何学习。而目前,外语教学中应试教育、费时低效、哑巴英语等问题日渐突出。另外,受"以教师为中心"的传统教学方法影响,学生长期以来习惯于被动地学习,不积极参与课堂讨论,不爱提问,缺乏探究知识的能力。这种情形不利于高素质、创造性人才的培养。因此,学生自主学习不仅成为必要,而且应该成为英语教学的重要目标。

第一节 自主学习的概念

自主学习(autonomous learning)一般指学习者自己确定目标,自主选择学习方法和内容,自觉监控学习过程,自我评价结果的过程。有的文献中提出的学习者自主(learner autonomy)与自主学习实质上是同一回事,只是侧重点不同。Holec(1981:3)将自主学习定义为"对自己的学习负责的能力"。其定义包括以下几个内容:1. 确定学习目标;

2. 确定学习内容与进度；3. 选择所使用的方法与技术；4. 监测学习过程；5. 评价学习结果。Little（1991：4）将自主学习界定为"进行客观的、批判性反思的能力，做出决策的能力以及采取独立行动的能力"。Benson（2005：50）认为，自主学习是对学习不同方面的掌控，包括三个层次：认知过程、学习管理和学习内容，分别对应心理、行为和情境维度。反思和评价是自主学习的重要特点。

由此可见，自主学习是学习者在教师的指导下，确定学习目标，并实施合适的学习策略，反思、评价自己学习的积极主动的过程。

第二节　自主学习和高职英语教学

终身学习和终身发展是 21 世纪教育发展的主题，高职教育必须面对这一发展主题。社会的飞速发展和技术的日益进步，要求学习者具有终身学习的观念和自主学习的技能。授人以渔，培养学生的学习自主性是现代教育的重要目标之一。高职教育培养的是直接从事生产、管理、服务第一线工作的应用型人才。这种类型的人才不仅要德、智、体全面发展，而且要具有较宽的知识面，较强的技术转化能力、技术创新能力、群体合作能力、国际交往能力等。而目前的英语教学对学生统得过多，从学习内容、学习进度到教材的选择，成绩的评定都由教师决定，很少顾及学生个人的语言要求、学习风格和学习策略等情况。学生的学习主动性、积极性和创造性难以充分发挥，独立自主的学习能力也难以培养。这远远不能满足当今社会对高职人才的要求。因此，高职英语教学作为整个职业教育过程的一部分，应致力于促进学生自主学习能力的培养和发展。

自主学习与学生自我提问、自我探索、自我思考、自我创造、自我解决问题的能力是紧密结合在一起的。笔者在教学以及与学生面谈中发现，高职学生多数缺乏的就是这种能力。具体表现在以下方面。

一是缺乏学习计划性。大多数高职学生很少有自己明确的学习计划，只是按老师的讲授计划和教学要求亦步亦趋。具体到听、说、读、写计划性更差。即便有计划的学生，也未能按计划实施。

二是忽视学习过程的管理。学生在英语学习过程中，很少对自己学习策略的有效性进行反思和评估，对学习的评估检查内容也只限于对所学知识的检查或做模拟试题。学生所关心的只是卷面成绩，很少反思自己学习的态度、表现和方法。

三是课堂利用效率较低。学生已养成了课堂上被动接受知识的习惯，不愿积极参与课堂活动，如问题讨论、口语活动等。

四是缺乏自主学习。很少有学生根据教学内容进行预习、复习、总结、归纳。不能多途径地学习英语、运用英语。只把英语学习局限于课堂、课本，几乎不收听英语广播、收看英语电视节目和进行大量阅读。大部分学生在课外时间只是做过考级模拟题或孤立地背记单词，学习缺乏策略意识。

第三节 培养学生自主学习的原则

一、循序渐进原则

由于高职学生普遍基础差，在培养学生自主学习的过程中，不能操之过急。自主学习并不意味着教师可以放手不管，听之任之。学生刚进入大学，学习自主的准备不够，在很大程度上依赖教师。如果这时一下子要求他们立刻转变为自主学习者，很可能使他们陷入困境。因此，教师应当对学生自主学习的准备情形做出评估。在新生入学时通过考试、问卷调查等形式了解学生现有的知识和能力，确定相应的教学目标和方法，坚持"以应用为目的，实用为主，够用为度"原则，打好语言基础，突出语言应用能力的培养，真正做到"学一点，会一点、用一点"，并训练他们逐渐获得自主能力。

二、重视情感因素原则

在语言教学中，情感是指学习者在学习过程中的感情、感觉、情绪、态度等。学习者的情感状态直接影响他们的学习行为和学习效果。积极的情感能创造有利于学习的心理状态，而消极的情感会影响学习潜力的正常发挥。因此关注情感是英语教学不可或缺的一个方面。要激发学生学习英语的热情，教师应重视学生情感的释放和情绪的表达，以真诚理解的态度对待学生，以合作者的身份平等地与学生进行思想交流。这样，才能减少学生的焦虑感，增强他们的自尊心、自信心和学习动机，他们自然而然地会主动学习。

三、注重个体差异原则

学生个别差异是客观存在的，他们的语言潜能、学习动力、认知风格、态度情感、兴趣爱好、原有知识水平可能会参差不齐。忽视学生的个体差异而采用统一的教法、进度，并对学生语言能力做同样的要求，无疑将挫伤他们学习的积极性、主动性，从而导致英语学习的低效率。我们应给予学生更多的自主，提供必要的学习策略指导，使他们更清楚地了解自己的认知特点，发挥认知优势，更好地进行英语学习。

第四节　培养学生自主学习的意识

一、运用学习策略，增强效率意识

学习策略是学习者在语言学习中运用的方法和手段，是学习者获取、储存、提取和处理信息的方法与步骤。任何学习者都有意识或无意识地采用自己喜爱的学习策略。研究表明，成功的英语学习者除了其他的因素外，其运用有效的英语学习策略的能力是成功的一个重要方面。教师应将对学生学习策略的训练纳入日常教学中，指导学生的学习方法。如帮助学生制订学习计划、写学习周记等，也可以通过一系列精心设计和安排的英语学习与交际活动，让学生潜移默化地养成符合自己特点的学习策略和习惯。同时还可以通过面谈、调查问卷等方式系统了解学生的学习策略，有针对性地帮助学生调控学习策略，只有当学生有意识地使用学习策略来管理并独立地负责自己的课内外学习时才能提高学习效率。

二、改变学习观念，增强主体意识

建构主义学习观认为，学习是一个积极主动的建构过程，学习者不是被动地接受外在信息，而是主动地根据先前认知结构注意和有选择地感知外在信息，建构当前事物的意义。学生必须学会独立学习和自主学习，只有这样他们才能控制学习过程，并对自己的学习负责。这就要求我们坚持以人为本的指导思想，创造平等的师生关系，降低情感焦虑，鼓励学生自我表现，充分调动学生的主观能动性。在教学中，教师应尽可能多地创造机会，通过师生互动、学生互动等形式，让学生真正做到学中用，用中学。学生本人应改变被动、消极的学习观念，使学习变成内在的需要，主动探索并寻求适合自己个性特点的学习方式。

三、提倡合作精神，增强参与意识

自主学习并不仅仅意味着独自学习。它不仅是个体性的，也是社会性的。学习时与他人合作，相互切磋，可以相互启发，相互促进。学生不仅与教师，而且与小组成员一起交流、协商、合作，共同解决问题。而交流、协商和合作都是促进学习者自主性的重要因素。教师可以鼓励学生通过两人活动（pair work）、小组活动（group work）或者项目活动（project work）来进行合作。在这些合作学习活动中，学生共同努力来实现学习目标。这些活动通常要求学生通过学生之间的合作与交际来运用所学的英语知识。教师利用课堂和课外合作活动来创造一种有利于培养学习自主的环境。在课堂教学中，教师应将所学内容与学生的生活、经验相联系，以小组讨论、话题讨论、角色扮演等形式，引导学生主动参与到语言学习和运用中。目前我校高职学生所使用的《新编英语实用教程》中每个单元的听、说、读、写、译任务都是围绕一个与现实生活紧密相关的交际话题展开，如邀请、购物、旅游、发电子邮件等。教师不仅让学生对所学知识进行模仿操练，而且还要充分利用这些话题，创设情境，引起学生参与和表达的欲望，并发挥他们的想象力，让他们体验英语在现实生活和工作环境中的应用。

四、开展探究学习，增强问题意识

问题意识是一种怀疑、困惑和探究的心理状态，它能激发学生对学习的兴趣，培养学生的思维能力，促使他们积极、主动地探究学习，试图解决困惑和疑问。学生的问题意识一旦养成，就会逐步形成自我提问、自我探索、自我思考、自我创造并自我解决问题的自主学习习惯。

可现实情况是学生多数是被动地回答教师提出的问题，很少主动地去发现问题，踊跃地提出问题。在课堂上，教师应将课文讲解和提问融为一体，多设计一些思索性问题，如分析式、归纳式、推理式、评价式问题，引导学生积极思考、讨论，鼓励他们大胆发表自己的看法和见解。另外，还要鼓励学生在学习中敢于和善于提问，不唯书，不唯师，不满足于现成的答案，这也是探究精神的突出表现。提出的问题无论是语言知识、文化背景知识还是与现实生活有关的，无论是简单的还是复杂的，能提出问题就表明学生在主动思考。

第五节　培养学生自主学习的技能

一、学习目标的自我设计能力

学生自主学习的能力并非天生的，它需要教师的指导和培养。设立目标是自主学习的前提。自主学习理论主张把学生的学习目标分为表现性目标和认知性目标。表现性目标是向他人显示自己有学习能力，认知性目标主要为了掌握学习内容。鼓励学生制定表现性目标是迈向自主学习的第一步。设立认知性目标的步骤是：让学生知道自己在某一阶段的学习目的和要求，如需要掌握多少语言知识，听、说、读、写的能力要达到何种水平，掌握哪些学习技能。在教师指导下，学生根据自己的能力和课程要求制定短期与长期的学习目标，包括时间的安排和学习内容等。

二、自我监控和评价能力

自主学习过程中，学生要经常检查阶段性目标的执行情况、学习进展和结果。监控就是检查任务执行的情况,看时间的利用是否合理,及时对自己的认知活动做出分析与评价。这样可以及时发现问题,以便调整思路,改变学习方法,寻求解决问题的出路。

三、知识的自我转化能力

"语言是社会交往需要和实践的产物。语言在交际中才有生命,人们在使用语言过程中才真正学会使用语言。"(束定芳,庄智象,1996:22)也就是说,运用是语言学习的归宿,又是语言学习成功的保证。语言知识是语言运用的基础,但知识并不等于能力,"知道"并不意味着"会用"。学生不能只满足于语言知识的学习积累,而要利用各种机会运用语言,在实践中提高知识转化为实际的运用能力。

第六节 教师的支持和指导

自主学习不是没有教师参与的学习。Dickinson(1987)提出不同程度的学习自主性,完全自主,指在学习过程中,学习者自我决定学习方式、进度、时间、材料等;指导性自主,即在上述决定中有教师不同程度地参与。自主学习并不是孤立地学习。学习总是发生在社会文化环境中,发生在与他人的交往中,因此自主学习既表现为个体的决策,也与外部社会环境密切关联,是合作、互动与协商的过程。自主学习和合作学习从不同角度关注学习过程与学习的本质。

教师在促进和发展学生自主学习中起着重要作用。教师不再只是知识的传递者,而是具有多重角色。在培养学生自主学习能力的过程中,学生需要教师给予两方面的支持:心理-社会支持(psycho-social support)和技术支持(technical support)(Naoko,2000:147)。心理-社会支持指关心、启发和诱导学习者以及培养学习者的自主意识。技术支持指帮助学习者制订计划、执行学习计划和评价学习结果。另外，教师还要帮助他们获得计划，实施和评价所需要的技能与知识。学习自主意味着教师的角色从信息供应者转变为学习的指导者（facilitator）、顾问（counselor）以及资源提供者（resource），甚至被视为"会话说的百科全书"（talking encyclopedia）（Benson & Voller，1997：105）。Adrian Underhill（2000：125-141）将教师分为三种不同类型：讲师、教师和导师。"讲师"（lecturer）指那些只熟悉学科专业知识而不了解教学方法和教学技巧的老师；"教师"（teacher）指那些既懂学科专业知识又熟悉教学方法和技巧的老师，但不懂学生学习心理。"导师"（facilitator）除了熟悉专业知识和教学方法外，还要在教学中时刻关注和了解学生内在的学习心理与学习过程，营造和谐的心理氛围，建立和谐的师生关系。如了解学生的学习感受，关注学生的态度和情感，注重日常师生交流和沟通，倾听学生的想法，保护学生的自尊心等，以帮助学生培养自主学习的能力。

由此可见，教师在学生自主学习中的作用不但没有减弱，反而增强了。这也是对教师自身能力和素质的一大挑战。高职英语教师的作用具体表现在以下四个方面。

1. 语言学习的引导者。引导学生观察、总结、归纳语言知识和学习规律，给予学生语言学习方法的指导。

2. 学习资源的提供者。选择、利用、开发、创新各种形式的学习资源，拓宽学习渠道，给学生提供丰富多样的学习平台和学习环境。

3. 学习内容的设计者。根据需求分析开发课程、设计话题、主题、任务、活动、情境、问题、练习等，学生以此开展自主和合作学习。

4. 学习过程的评价者。观察每个学生的学习行为和态度，给予学生心理和情感的支持，多给予积极的评价和鼓励，营造和谐的心理氛围和学习氛围。

第七节　学习策略和自主学习

　　高职英语教学不再强调大量的语言形式的训练，更注重提高语言运用能力和扩大知识面。学生不能仅满足于课堂教学和对教材的学习，应该学会充分利用各种资源和途径在课后根据自己的需求、兴趣进行学习。学生应充分认识到自己是学习的主人，应管理好自己的学习，彻底摆脱依赖教师、课堂、教材的思想，掌握一定的学习策略，无论是在课堂上还是在课后都要进行大量的语言实践，成为真正的自主学习者。学生一旦拥有自主学习的能力，必将终身受益。所以老师在教学中应结合具体的课型，如听说课、阅读课进行学习策略的指导。语言学习策略包括认知策略、元认知策略、情感策略、交际策略。其中，元认知和元认知策略很重要。元认知是有关认知过程的知识和通过计划、监控和评估等方法对认知过程的调整或自我控制。在元认知指导下采取的策略就是元认知策略，它包括：1. 明确自己学习的目标和需要；2. 制订学习计划；3. 积极探索适合自己的学习方法；4. 积极参与课内外学习活动；5. 主动拓宽学习的渠道；6. 学习中遇到困难时知道如何获得帮助；7. 与教师或同学交流学习的体会和经验；8. 评价自己学习的效果（程晓堂，郑敏，2002：34）。

第八节　以任务、活动为主的课堂教学

　　传统的英语课堂教学是教师按既定的目标和方式向学生传授词汇语法、课文等教学内容，学生被动地接受知识，课堂上的语言练习设计是为了检验学生学习效果，如语言知识的准确性等。这种单向的注重结果

的课堂教学不利于学生自主学习能力的培养。任务教学法关注语言习得的自然性和有机性，强调运用语言做事，通过做事学习语言，学和做相互融合。教师要根据学习内容设计各种任务活动，让学生在完成任务的过程中习得语言，同时发展自主学习的能力。Nunan（2013：1）把任务教学法的实践原则归纳为：1. 基于需求的内容选择；2. 强调通过目的语互动来学习交际；3. 将真实语篇引入学习情境；4. 为学习者提供机会，让他们把注意力不仅集中于语言，而且集中于学习过程本身；5. 提升学习者个人体验，并把这些体验作为课堂学习的重要因素；6. 将课堂语言学习与课外语言运用联系起来。由此可见，以任务为主的课堂教学凸显了语言学习的互动、过程、情境和体验特征。任务的设计要突出趣味性、交际性、可操作性和拓展性。行业英语阶段可结合职业情境和工作过程开展任务教学，以任务引领语言知识和技能的学习。通用英语阶段可结合交际中的建议、请求、邀请、赞美、道歉等情境，让学生根据自己的日常生活实际开展会话。任务设计也可围绕教材内容、生活情境以及学生感兴趣的话题进行。设计话题如 ideal，friendship，love，college life，environmental protection，sports，entertainments，travel 等，让学生在课后把自己的感受和看法写出来，并在课堂上进行自我展示、分享和交流。这项任务激发了学生学习的动力，他们选择了讲故事、诗歌短文朗诵、唱英文歌、演讲等形式。为了不流于形式，要求学生把自己认为精彩的段落、句子写在黑板上，学生之间就展示的内容展开讨论，老师和学生共同进行评价。

第九节　以形成性评价促进自主学习

传统的评价体系以考试为唯一手段，过分看重分数，忽视学生的个体差异。形成性评价是在教育活动中，即学生知识、技能与态度形成的过程中，对学生的学习进展情况进行监控与评价，为教师与学生提供反馈，并将评价中得到的信息用于调整教学以满足学生需求及提高教学质量。其目的是激励学生，帮助学生有效调整自己的学习过程，使学生获得自信心，从而形成自主学习的能力。它的一个显著特点是使学生从被动接受评价转变为评价的主体和积极参与者。在评价主体上，变单一的教师评价为教师评价、学生自评和互评相结合，突出自评和互评的重要性。自我评价是自主学习的重要组成部分，它不仅是对语言知识的评价，而且包括整个英语学习过程：课堂中的参与意识和程度；与同学的合作精神；对英语学习的兴趣和态度；学习方法和策略的运用；完成任务的态度、质量等。通过自评，学生可以更直接地看到自己学习过程中的长处和不足，从而不断调整各个要素，自主地进行学习。

第十节 小结

现代学习理论强调学习的主动性、互动性、体验性、问题性、情境性、反思性等特征，凸显学习者的主体性，重视意义的建构。自主学习是一种学习观念和方式的转变，体现学习者身份的自我认同，即将自身视为学习的主体，是学习过程的积极参与者，而不是被动地接受知识。自主学习关注学生认知和情感需求、主体和客体之间的互动，促进学生的全面发展和整体素质，培养可持续发展能力，从而实现教育的价值。教师把自主学习渗透英语教学中，了解和分析高职学生的特点，如知识面、语言能力、生活经历、情感心理等，开展形式多样的任务活动，不仅能培养学生的语言能力，而且能帮助他们管理自己的学习，剖析自我的学习特征，选择合适的方法策略，提高学习质量。

参考文献

[1] ADRIAN U. Facilitation in language learning [M] //J. Affect in Language Learning. Bei Jing: Foreign Laguage Teaching and Research Press, 2000: 125 – 141.

[2] BENSON P. Teaching and Researching Autonomy in Language Learning [M]. Bei Jing: Foreign Laguage Teaching and Research Press, 2005: 50.

[3] BENSON P Voller P. Autonomy and Independence in Language Learning [M]. New York: Addison Wesley Longman, 1997: 105.

[4] DICKINSON L. Self – instruction in Language Learning [M]. Cambridge: CPU, 1987.

[5] HOLEC H. Autonomy and Foreign Language Learning [M]. Oxford: Pergamon Press, 1981.

[6] LITTLE D. Learner Autonomy: Definitions, Issues and Problems [M]. Dublin: Authentic, 1991.

[7] NAOKO A. Affect and the Role of Teachers in the Development of Learner Autonomy [M]. Arnod J. Affect in Language Learning [C]. Bei Jing: Foreign Laguage Teaching and Research Press, 2000: 147.

[8] NUNAN D. Task – based Language Teaching [M]. Bei Jing: Foreign Laguage Teaching and Research Press, 2013: 1.

[9] 程晓堂, 郑敏. 英语学习策略 [M]. 北京: 外语教学与研究出版社, 2002: 34.

[10] 束定芳, 庄智象. 现代外语教学 [M]. 上海: 上海外语教育出版社, 1996: 22.

第五章

高职英语合作学习策略

合作学习以建构主义和人本主义学习理论为基础,倡导互动和交流,是一种极富创意和实效的教学理论与策略。在高职英语教学中合理运用这一策略是提高学生运用语言能力的有效途径。近年来,高等职业教育迅速发展,在人才培养目标方面强调培养生产、技术、服务等领域的高等应用型专门人才。高职英语教学不仅应打好语言基础,更要注重培养实际使用语言的技能,特别是使用英语处理日常和涉外业务活动的能力。但目前以教师为中心的教学模式在高职英语教学中仍占主导地位,这必然形成"课堂教学主体单一化、教学结构模式化、教学目标和教学组织形式单一化、教学方式静态化和教学与生活割裂的局面"(董明,2004:30)。由此产生了种种问题:学生被动地接收信息、语言输出机会少,课堂气氛沉闷,学生对英语学习逐渐失去兴趣甚至表现出抵触情绪。教师在课堂上津津乐道,但并未取得良好的教学效果。面对这些问题,教师应更新教学理念,根据学生的实际情况和实际需要探索与尝试更加有效的教学模式,调整教学方法,提高学生的语言运用能力。作为一种富有创意和实效的教学理论与策略,合作学习已引起教育界的广泛关注,在理论和实践研究方面已取得丰硕成果,为高职英语教学提供了良好的借鉴和参考作用。

第一节　合作学习及其特点

一、合作学习的基本概念

合作学习是一种以小组或团队的形式组织学生进行学习的策略。学习者以小组形式参与，在一定的激励机制下，为获得最大的个人、小组学习成果，达到共同的学习目标而进行合作互助。小组成员的协同工作是实现学习目标的有机组成部分。合作学习强调学习者的创造性、自主性和互动性，主张将教学内容活化为不同的任务，分配到各小组，组员之间分工协作，共享信息与资源、共负责任，共担荣辱，共同完成任务。在学习过程中，学习者充分发挥主动性和积极性，借助他人的帮助，实现彼此间的互动。利用共享的学习资料，进行意义建构，由此获得对事物的性质、规律以及事物之间的内在联系的了解。所以合作学习有利于开发学生的批判性思维，增强学生个体之间及其与社会成员的交流与沟通能力，对提高学生的学业成绩和综合运用知识的能力有积极的促进作用。

合作学习主要以建构主义学习理论和人本主义学习理论为基础。建构主义理论不仅关注知识的表征和意义的学习过程，而且还重视学习环境对学习的影响、重视帮助学习者建构知识的意义。该理论认为，学习是学习者通过与周围环境互动而自主建构内在心理表征的过程，知识不是靠教师传授所得到，而是学习者在一定情境即社会文化背景下，借助他人（教师或同伴）的帮助，即通过人际协作、讨论等活动，在进行意义建构的过程中获得的。人本主义学习理论将学习分为无意义学习和意义学习两类。人本主义学习理论认为无意义学习只涉及心智，不涉及感情及个人意义,是累积知识的学习;而意义学习是一种与每个人的经验都融合在一起的学习,主要包括四个要素:第一,学习是整个人的参与,包括认知和情感;第二,学习是自我发起的,即主动去发现、获得、领会等;第三,学习是渗透性的,学习不仅仅只是知识的积累,更是促进行为、态度乃至个性的变化;第四,学习是学生自我评价的。同伴教学和小组学习均可促进意义学习(施良方,2000:383-396)。

由此可见,建构主义学习理论和人本主义学习理论都强调周围环境对学习的作用,强调合作学习对学习者的重要意义。

二、合作学习的特点

1. 相互支持。合作小组有共同的目标。为实现目标,小组成员不仅要各司其职,而且小组活动的成与败依赖于每个成员的努力和相互支持。2. 小组互动。要求学生进行面对面的交流,促进学生相互学习,取长补短,为小组贡献自己的力量。3. 个人责任。学生必须掌握并承担所分配的任务,在学习过程尽到自己的责任,而且这种责任和贡献必须得到确认与评价。4. 交流技巧。学生需要学会和掌握一定的会话交流技能,如澄清、核实、寻求信息等,提高交流、决策以及解决问题的能力。5. 小组反思。要求学生反思完成任务的情况以及小组成员每人所做的贡献和表现。通过这一过程获得元认知策略,更好地监控自己和他人的学习行为(Arnold,2000)。

第二节 合作学习的作用

一、提高学生的言语交际能力

Hymes（2000）提出"交际能力"这一概念，指出在语言教学中，应把重点从语法能力转移到交际能力上。如果语言学习仅关注语言形式，并不能够发展交际能力。交际能力是一种综合应用能力的体现，是融合语言知识、技能、策略的多维能力。因此英语教学应创设情境让学生能够直接、积极地参与到与他人的交流中来。这种交流是意义和形式的统一，是语言练习、信息交流，同时也是情感交流。传统教学中老师占用课堂大部分时间讲解，学生被动接受。合作学习改变了课堂中"老师讲，学生听"这种单向输入模式，强调以学生为中心的互动教学。合作学习为学习者参与到语言交际中提供了大量的机会，有助于提高学生实际运用语言的交际能力。传统学习活动中言语行为多为指示性的，如提问、指令、要求等，而合作学习中，言语行为多为交互性和协商性的，如引导、建议、询问、澄清、提醒、鼓励、赞扬等。因此，合作学习增加了学习者接触和运用多样化语言的机会。

二、培养学生积极的情感

动机、自尊、焦虑和性格是影响语言学习的重要情感因素（Arnold，2000），强烈的动机和低焦虑都能促进语言学习。合作学习状态下的相互影响、相互合作的环境，比个体的、相互竞争的环境更易于激发学生的学习动机。合作学习创造了良好的情感环境，促进组员之间的情感交流。组员之间相互合作、相互依赖有助于增强学习者的自信心和自尊心。学习者在小组中进行交流时的焦虑程度远远低于当着全班同学回答问题时的焦虑程度。合作学习有助于发展学习者针对他人的积极情感，减少隔阂和孤独，消除心理障碍。同时，由于学习者更多地受到周围同伴的关注与尊重并及时得到信息反馈，以及在学习上取得进步，将极大增强自信心。合作学习的课堂允许学习者之间相互协商，在低焦虑的情境下获得更多的可理解的输入，同时也向其他学习者提供类似的语言输出。

三、增强学生学习的自主性

合作学习注重在教学中让学生分工协同、互相配合、共同协商来完成任务，体现了以学生为中心、以人的发展为本的教育理念。合作学习活动促使学生通过图书馆、互联网等途径收集资料，共同解决问题，最后以报告、论文或口头汇报等形式展示成果。这样促使学生利用现代信息技术获取信息、处理信息和使用信息，有利于培养学生的自主学习能力。

四、构建语言学习的生态环境

学习总是在一定的环境中进行，学生学习与环境相互影响。语言学习环境包括内在和外部环境，即心理环境、物理环境和社会环境。物理环境是指课堂、学校等微观环境，社会环境是宏观环境。语言学习的心理环境是指师生、学生之间人际交往形成的氛围。这种氛围是主观的、无形的、隐性的，需要教师和学生的感知，并在语言学习中起着非常重要的作用。在合作学习中，小组成员之间相互支持、相互帮助、相互信任、相互交流，共同努力完成任务。无论是课堂上还是课堂外，教师都应多和学生交流沟通，了解他们的学习生活状况，给予学生更多的心理支持。课堂上，教师不只要传授语言知识，更要关注学生的情感和态度，运用语言和非语言手段及时进行调节，与学生之间建立和谐的人际关系。所有这些都有助于构建良好、积极的人际氛围。在这种氛围中学生会产生参与感和归属感，增强语言学习的自信心，形成乐观积极的态度。

第三节 合作学习的具体应用

在实际教学中教师可以采用任务教学法组织学生进行合作学习，并且灵活运用各种形式的小组合作形式，以取得最佳的教学效果。

一、小组的划分

典型意义上的合作小组活动不同于传统教学中的小组活动。这主要表现在传统小组，如兴趣小组，往往是同质小组，而合作学习小组主要是以异质小组为主。在分组时通常考虑学生的性别、成绩、能力、性格、背景等方面的因素，成员之间存在一定的互补性。合作学习小组通常由四至六人组成，要求各小组总体水平基本一致。同时，全班各合作小组之间又应具有同质性。组内异质为互助合作奠定基础，组间同质为保证全班各小组间展开公平竞争创造了条件。由于高职学生生源不同，英语水平参差不齐，分级教学无法实施。通过合理分配小组成员，激励基础较好的学生，促使他们带动和帮助差生的学习，形成互帮互学的班级学习气氛。

二、合作形式的选择

合作学习的倡导者提出各种形式的合作学习，小组3~5人为一组，最常用的有小组竞赛法、交叉法、小组调查法等（庾鲜海、王月会，

2003：64）。笔者让学生自己组成学习小组，或以寝室为单位。选出小组负责人，任务活动形式和内容由学生自主协商选择，依据小组成员的兴趣、经验、能力等。教师分配口语和写作任务，如朗读、讲故事、情境会话、唱英文歌曲、猜单词、电影介绍、主题写作等，在规定的时间内在课堂上进行展示。在课堂上采用小组合作、分配任务的方法，调动学生学习的积极性、活跃课堂气氛，如完成语言练习、翻译句子、归纳段落大意、话题讨论等。这样使各组学生目标明确，注意力集中，从而更有效地完成任务。同时也有利于集思广益，分享不同的观点，发挥学生的创造性。

三、任务的设计

高职高专英语教材《希望英语》的编写贯彻自主学习和合作学习的原则，每个单元都安排了小组调研活动（field work）。本节以第一册第三单元为例说明合作学习的具体应用。在课前准备阶段，根据这个单元的主题 sports 设计 my favorite sport，relationship of sports and study，extreme sports 等方面的问题，要求学生以小组为单位，通过网络、图书馆等途径收集相关资料，并加工整理，准备在课堂上陈述。在课堂上，先让学生浏览课文，从语篇层次上了解课文大意。小组讨论课文结构、段落大意，找出和分析语言难点与重点。在口语练习环节，小组可以描述课文中提到的一种运动项目或就 why do people participate in an extreme sport 展开讨论。这一阶段的教学活动与传统的课文讲授方式不同的是，教师没有对课文的每一个句子做详细解释，而是针对学生的讨论，对课文内容、语言重点和难点总结归纳。任务设计突出对学生语言输出能力的训练。为了加深对课文内容的理解和提高运用语言的能力，要求学生在课后就"You can excel in it if you put your mind to it"进行写作练习。针对课后大量的练习，也可运用合作学习法，让各小组负责不同的题目,由学生在课堂上进行讲解,对遇到的问题和困难由教师进行指导与帮助。

四、小组的评价

传统的教学评价关注个体在整体中的位置,倾向于分数排队。这种评价把分数作为衡量学生好坏、优劣的唯一标准,不利于大多数学生的发展。合作学习把"不求人人成功,但求人人进步"作为教学所追求的一种境界,也把这作为教学评价的最终目的(王坦,2002:72)。评价手段以形成性评价为主,注重学生在学习过程中的表现。无论是小组还是个人,都可采用自评和互评的方式。评价内容应是综合性的,既有对小组整体合作表现的评价,也有对个人角色表现的评价,涉及是否参与小组活动、任务的内容、任务的形式、小组合作的默契程度、语言表达、创新性等方面。教师在进行评价时,一方面要避免过于笼统含糊,如只说好或可以,这样学生无法知道合作学习的效果,应观察和发现学生的潜能与闪光点,明确指出哪些方面做得好,以赞扬、欣赏、鼓励为主,促进学生积极的情感体验。另一方面,用简单化的否定评价往往会挫伤学生学习的积极性,产生消极负面情感。教师应帮助学生分析存在的问题,共同找出解决问题的方法,鼓励学生朝正确的方向努力。

第四节 存在的问题及对策

合作学习在具体实施过程中会存在一些问题。

第一,合作意识方面。有些学生已形成了被动接受知识的学习方式,自主学习意识薄弱,在合作学习过程中会感到无所适从。教师不宜急于求成,而是应根据学生的实际情况,让学生对合作学习有一个了解、接受和适应的过程。在教学中，灵活运用各种合作学习方式，培养学生的合作意识，使其积极主动地参与到小组活动中。

第二，合作技巧方面。很多学生开始时并没有合作学习的经验，不知道如何与小组其他成员沟通合作。有些学生的学习风格和个性可能不适应合作学习。有的学生表现欲强滔滔不绝，有的学生比较内向，习惯保持沉默，这样的小组合作就达不到预期的效果。所以，教师应该让学生了解和学习一些基本的合作技巧，或者进行一些训练以提高合作的质量。这些合作技巧包括掌握基本的会话交流技巧和策略，使用言语和非言语的方式让学生参与小组活动。

第三，学习过程监控方面。教师应对合作学习的开展进行有效监控。如在课堂上，学生在小组活动中过多地使用汉语而不是英语；学生相互学习不准确的语言形式等。此时，教师的角色应转换为指导者和帮助者，必要时介入小组活动，给学生正确的引导。教师还应让学生明确任务和需要达到的目的，而不是讨论与主题无关的内容。适时和有效的监督是开展合作学习取得效果的保证。

第五节　小结

合作学习以研究与利用课堂教学中的人际关系为基点，以目标设计为先导，以师生、生生合作为基本手段，以大面积提高学生的学业成绩、改进班级内的社会心理气氛、形成学生良好的心理品质和社会技能为根本目标，是达成意义建构的较好方式（戴炜栋，刘春燕，2004：16）。教师应根据教学实际和教学目的合理运用合作小组学习策略，充分发挥合作学习的作用，促进高职英语教学。

参考文献

[1] ARNOLD J. Affect in Language Learning [M]. Bei Jing: Roreign Language Teaching and Research Press, 2000.

[2] HYMES D H. On Communicative Competence [M] // C J., Johnson K. The Communicative Approach to Language Teaching. Bei Jing: Roreign Language Teaching and Research Press, 2000.

[3] 董明. 大学英语课堂"生生互动"模式初探 [J]. 外语与外语教学, 2004 (5): 30-33.

[4] 戴炜栋, 刘春燕. 学习理论的新发展与外语教学模式的嬗变 [J]. 外国语, 2004 (4): 10-16.

[5] 施良方. 学习论 [M]. 北京: 人民教育出版社, 2000: 383-396.

[6] 王坦. 论合作学习的基本理念 [J]. 教育研究, 2002 (2): 68-72.

[7] 庾鲜海, 王月会. 合作学习原则在英语教学中的应用 [J]. 外语教学, 2003 (3): 63-65.

第六章

高职英语教学元认知学习策略

近年来,随着教学理念的改变,教学的中心从以"教师为中心"已转向以"学生为中心"上来,中心聚焦在如何帮助学生学会学习,使其获得终身学习的能力。心理学和教育学工作者围绕如何教学生学会学习做了大量的探索和研究,其中,元认知研究为之提供了一个新的视角。语言学习的成功在很大程度上取决于学习者个人,文秋芳(1995:66)指出,成功的第二语言学习者具有杰出的宏观调控能力,他们能成功地管理自己的整个语言学习过程,掌握学习的主动权,对学习的进展情况和策略的成效能进行反思,发现问题并及时做出调整。由此可见,英语学习成功者与不成功者的主要差异在于他们对认知行为的不同调节能力,即元认知能力的不同。因此,英语教学的目的不仅是传授语言知识,更重要的是教会学生学习的方法,增强学生的元认知能力。

第一节 元认知与语言习得

元认知(metacognition)这一个概念是由美国心理学家 J. H. Flavell 提出的。他将元认知定义为认知主体为完成某一具体任务或目标,依据认知对象对认知过程进行主动监测和调节(Flavell,1976:232)。现代心理学把学习者认识到并形成如何控制认知学习这一心理机制,即称为元认知，简言之，它是关于认知的认知，是个体对自己的认知加工过程的自我觉察、自我反省、自我评价与自我调节。通常认为它应当包括元认知知识、元认知体验和元认知监控三个结构成分（王亚楠，2004：93）。

元认知知识是关于影响自己的认识过程与结果的各种因素及其影响方式的知识。它包括三个方面的知识：一是关于认知主体的知识，即关于个体内差异和个体间差异的知识，还有对认知个体间的认知相似性的认识，它是对人类认知的普遍性特点的认识，例如知道人类记忆的规律等。二是有关认知对象的知识，主要涉及认知材料、认知任务及认知活动。具体地说，主体应知道材料的性质、结构的特点，明确不同的认知任务有不同的目的要求，明确任务中有关信息的特点。三是关于认知活动中的策略知识，策略是提高效率的方法和技巧，包括认知策略、元认知策略等。

元认知体验即主体伴随着认知活动而产生的认知体验或情感体验，是个体对其认知经验通过反思而获得的更具有概括性的经验。它包括知的体验，也包括不知的体验；内容上可简单也可复杂；时间上可发生在认知活动之前、之中和之后。元认知体验对认知任务的完成有着重要的影响，因为积极的元认知体验会激发人们的认知热情，调动认知潜能，从而提高认知加工的效率。

元认知监控即主体在进行认知活动的全过程中，根据元认知的知识、体验对认知活动进行积极的、及时的、自觉的监控、调节，以期达到预定目标的过程，它是元认知的核心。根据认知活动不同阶段，元认知监控可分为以下连续环节：1. 制订计划，做好准备；2. 实际控制，调节过程；3. 检查结果，反思总结；4. 采取补救措施。

在实际的认知活动中，这三方面互相依赖，互相制约。通常认为元认知知识是元认知体验和元认知监控的基础，元认知监控的每一步都使个体产生新的元认知体验。元认知在语言习得、记忆、理解、注意等认知活动中起着十分重要的作用。语言是人类普遍的认知系统的一个重要组成部分，在考虑语言知识的获得和使用时就必须考虑它的认知基础，即语言信息输入、识别、储存、习得、转化、提取、使用等过程，而这些认知加工阶段又是基于元认知系统的。不论是语言输入的获得、选择、内化，还是语言知识的构建和提取，都受到元成分的不断作用，都受到元认知知识、元认知体验、元认知监控的影响和制约，而语言信息加工的这些过程又给元认知系统提供了反馈性信息，使之据此对语言习得和使用的有效性进行评价，从而调整整个加工程序。随着这种调整过程的继续，语言加工策略会不断改进，语言习得效率会不断提高，从而促使语言学习的有效进行（刘培华，周榕元，1998：88）。

第二节　元认知在高职英语教学中的应用

一、激发学习动机，提高元认知意识

在语言学习过程中，元认知意识（metacognitive awareness）这个术语涵盖了积极的学习态度、自信心和自我意识几个方面，它们在元认知意识产生的过程中相互作用，逐步形成（Ellis，1999）。Anderson（2002）相信，"培养元认知意识可以促进认知技能更有利地发展"。而动机决定着学习态度和效果，它是培养学生元认知能力不可缺少的内部条件。学习任务的完成均依赖于主体的学习积极性和主动性。在英语教学中，可以通过揭示学科内在的趣味和价值，引导学生认识到学习外语的意义，弄清学习的目标和任务，帮助学生激发和调动强烈的内在动机，使他们在学习过程中充分发挥主体作用。例如在阅读教学中，让学生参与选材和讲解，激发了他们的学习兴趣，也锻炼了他们对自己语言

能力的意识、对文章难度的意识以及理解课文最佳方法的意识。

教师在课堂教学中还可通过策略培训加强元认知意识。O'Malley 和 Chamot（1990）指出，在教学过程中应使用明确指令，直接的训练方式有助于元认知意识的形成，逐步自觉地把元认知策略用到学习中。组织学生对他们自己在学习过程中所采用的学习策略或技能进行小组或全班讨论，帮助学生总结归纳，并明确指出某项任务能够成功高效地完成是因为他们在学习过程中使用了元认知策略的结果，使学生从理论上意识到运用元认知策略能给学习带来很大帮助，使学生明白什么时候用什么策略解决问题更有效，什么情境使用什么策略最适当，达到目标也最佳。

二、优化课堂教学，丰富元认知知识

前面已经提到，元认知知识包括对学习者个人、学习任务和学习策略三方面的知识。首先，教师应让学生能正确认识自己的兴趣、喜好、能力、学习特点，根据自己的认知能力和特点，使其在认知活动中得到充分发挥，更好地完成认知任务，提高认知效率。其次，就认知任务而言，学生要明确不同的认知任务有不同的目的要求，明确任务中的有关信息的特点。如词汇学习，许多学生习惯把词汇学习看成背课文后面的单词表，他们习得词汇的方式停留在"读音 + 拼写 + 词义"三者结合上，很少意识到词汇其他方面的知识，如搭配、同义、反义、语用知识，缺乏对词汇的深度加工，导致所学词汇不能有效地储存和提取。

学生除了明确和了解上述两方面的知识外，最重要的是对学习策略知识的掌握和运用。Vann 和 Abraham（1990）研究发现，学习不成功者并不缺乏具体的认知策略和技能，其失败的关键是没有掌握该在什么时候、在哪种情况下采用哪种策略或技能。因此，教师需与学生共同探讨哪些策略在外语学习过程中能起作用。教师还应将策略训练渗入日常

的课堂教学中，同具体的教学内容相结合，不可孤立地教授策略。

三、重视情感因素，强化元认知体验

元认知体验既可以是对"知"的体验，也可以是对"不知"的体验。"知"的体验会给学生带来满足感和自豪感，但"不知"的体验却会使学生感到沮丧，产生焦虑感。为了使学生从"不知"的体验过渡到"知"的体验，教师一方面要帮助学生分析学习过程中遇到的问题，如在阅读教学中，学生读不懂是因为词汇量不够、语法知识缺乏，还是缺乏相关的文化背景知识，在此基础上，找出具体的解决办法。另一方面可以传授一些学习策略，如根据语境或一些其他线索进行预测，借助联想把相关的新旧信息有效地联系起来，培养良好的阅读习惯等，这样才能不断提高阅读水平。

记忆是英语学习中常用的认知策略。Stecick（2000）研究情感与记忆的关系，他认为情感信息和其他信息同存于相同的记忆网络，而情感信息可能是其他信息得以组织的基础。情感信息可能能从长期记忆中唤起其他信息，而这些信息又可能在记忆工作区形成杂乱的信息单位，消耗记忆处理能力和空间，妨碍个体有效地处理有用的信息。因此，教师在教学中要善于引导学生运用情感策略调控自己的情绪，克服焦虑心理，正确对待学习中的失败，增强其学习英语的自信心，提高学习效率，获得更多积极的情感体验。

四、改善评价体系，加强元认知监控

学习过程既是对所学材料的识别、加工和理解的认知过程，也是一个对该过程进行积极的监控调节的元认知过程。教师应指导学生对整个学习过程做出合理的计划、监控和评价。通过记学习日记、建立学习档案、举办学习讨论会等方式，增强学生对自身学习过程的认识、调节和

监控。

教学评价是教学过程中一个非常重要的环节，对学习活动起着反馈和调控的作用。在英语教学中，应建立科学的评价体系，把自我评价和形成性评价纳入评价体系，以培养学生的元认知能力。自我监控和评价的内容包括：①学习计划的执行情况；②学习策略的选择、修正和调整；③思维过程和心理活动的监控。自我评价能促使学生学会思考，及时看到自己的进步和不足，反思学习过程，树立新的目标。形成性评价注重对学习过程的评估，运用各种反馈信息让学生了解自己在学习过程中容易犯的错误和取得的进步，使学生学习在持续的测评、反馈和修正中不断得到改进，这样学习活动就成了一个自我调节系统，从而促使学生元认知能力不断得到改善和提高。

第三节 小结

元认知能力在人的智能结构中占据重要地位，元认知的发展在相当程度上决定了一个人的认知效率。在高职英语教学中，要丰富学生的元认知知识，加强元认知监控，从而提高学生的元认知发展水平，即提高学生对整个语言学习过程的计划、监测和评估能力，使其最终成为独立自主、高效的学习者。

参考文献

［1］ANDERSON N J. The Role of Metacognition in Second Language Teaching and Learning［J］. ERIC Digest：Education Resources Information Center，2002.

［2］ELLIS G. Developing Metacognitive Awareness——the Missing Dimension [J]. The Journal No. 10, 1999.

[3] FIAVELLl J H. Metacognitive Aspects of Problem Solving [A] //RESNICK L B. The Nature of Intelligence. Hillsdale. NJ：Erlbaum, 1976：232.

[4] O'Malley J. M. , CHAMOT A. U. Learning Strategies in Second Language Acquisition [M]. Cambridge：Cambridge University Press, 1990.

[5] STECICK E W. Affect in Learning and Memory：From Alchemy to Chemistry [M] //ARNOLD J. Affect in Language Learning. Bei Jing：Foreigh Language Teaching and Research Press, 2000.

[6] VANN R. J, ABRAHAM R. C. Strategies of Unsuccessful Language Learners [J]. TESOL Quaterly, 1990 (24)：177 – 198.

[7] 刘培华. 周榕元. 元认知与外语学习 [J]. 四川外国语学报, 1998 (4)：88.

[8] 文秋芳. 学习成功者与不成功者的学习方法 [J]. 外语教学与研究, 1995 (3)：66.

[9] 王亚南. 元认知的结构、功能与开发 [J]. 南京师范大学学报, 2004 (1)：93.

第七章

高职英语任务型教学

任务型语言教学倡导用语言做事，参照真实世界的交际活动开展语言教学，这与职业教育课程强调以工作过程为参照组织实施教学相一致。工作过程由一系列有目的的活动组成，那么如何将这些活动体现在高职英语教学中以培养学生的职业英语能力？高职行业英语教学将工作过程中的典型任务转换为教学情境任务，并以任务为载体展开教学，将语言学习和工作过程有效结合，融合语言学习和工作情境体验。学生在完成任务的过程中培养语言运用能力，并构建工作情境的认知图式，实现职业情境化的语言学习。

第一节 任务、活动、练习、项目

任务型语言教学区分目标任务和教学任务（Nunan，2011）。目标任务也叫作真实世界的任务，是人们在日常生活、工作和娱乐中所做的各种各样的事情，如订机票、图书馆借书、购物、考驾照、填表等。这些事情的结果是非语言的，而且有些事情不使用语言也能够完成，如完成一幅画。当目标任务从现实世界转换到教学环境时，任务就具有了教学性质。教学任务参照或模拟了现实世界的各种活动，因而具有真实性和交际性。学习者在实施任务的过程中学习语言、交流信息、解决问题。教学任务的结果可以是非语言的,但其过程必须涉及语言运用。外语教学中提到的任务都是指教学任务。Ellis（2013：9）认为教学任务具有以下特点。

1. 任务是一项活动计划；
2. 意义是首要关注的焦点；
3. 涉及真实世界的语言运用过程；
4. 涉及听、说、读、写四项技能；
5. 要求学习者在实施任务中运用信息选择、分类、组合、推理、评价等认知能力；
6. 要有明确的交际结果。

上述特点涉及任务的目的、过程和结果。任务型教学强调意义是首要的,一方面这种意义是指语用意义,具有多维性、丰富性和动态性,涉及社会、文化、情感等意义；另一方面交际者之间,交际者与文本之间存在意义差,这两方面使得言语交际成为真正的思想交流的互动过程。任务的特点将其与教学情境中的活动、练习区别开来。活动是一个最为宽泛的术语,包括各种为达到某种目的而采取的教学行动。练习也是一种语言活动,但与任务的根本区别在于其关注的焦点是语言形式及其非语境意义。这种脱离语境的语言学习无法培养学习者语言运用能力。项目是一系列任务排列组合的集合体。项目教学的步骤通常是选择主题、制订方案、调查、报告、反馈、陈述和评价,时间上可延续一个学期或是更长时间。

任务和练习的区别如表7-1所示。

表7-2 任务和练习的区别

对比点	任务	练习
聚焦点	语用意义	语言形式
交际目的	有	无

续表

对比点	任务	练习
交际语境	有	无
教师/学习者角色	多样	单一
认知处理	理解、推理、判断、解释等多和认知能力	以记忆为主
评价	完成任务	对错判断

第二节 任务类型

按照不同的方式对任务进行分类。

1. 按照与目标任务相似度，可将任务分为演练式任务和激活式任务（Nunan，2011）。演练式任务与真实世界的任务相似，例如求职。尽管这样的任务无法照搬到现实生活中，但具有迁移性。激活式任务需要学习者激活各种语言知识和技能，如做演讲、发表观点。完成此类任务认知要求高，学习者从复制性地运用语言逐渐过渡到创造性地运用语言。只有当学习者开始创造性地运用语言时，他们才是最大限度地习得语言，因为在这个过程中，要求学习者综合使用语言技能和语言知识。

2. 按照任务中使用的语言形式和结构，可将任务分为结构集中型任务和非集中型任务（Nunan，2011）。前者重点培养学生的语言知识能力，即学习者在完成任务的过程中必须使用到某个语法结构；后者旨在培养学生综合运用目标语的能力，即学习者在完成任务的过程中不特别关注某些语法结构，而是运用所获得的各种语言资源来完成任务。结构非集中型任务类似于目标任务，因为真实世界中的任务往往涉及多种语言形式的运用。

3. 按照语言技能的培养，可将任务分成听力、口语、阅读、写作、翻译任务。

上述任务的共同点是聚焦意义，而非语言形式。词汇和语法语言形式是通过间接的方式学习。任务型教学倡导者还提出意识培养型任务（consciousness – raising tasks，CR）（Nunan，2011）。CR 任务是让学习者接触和体验丰富的语言材料，这些语言材料中含有目标语语法结构，在此基础上引导学生自己归纳出语言特征。这是一种学习语言形式的直接方式。不同于传统课堂上的语法教学，CR 任务是教师引导学生在理解的基础上归纳总结出语法规则。同时 CR 任务学习和讨论的内容是语言本身，因而要求学生运用语言资源谈论语言特征，以此了解语言的运作机制。由此看来，完成 CR 任务对学生的语言运用能力要求较高。这也表明任务型教学虽然关注语言在交际语境中的功能和意义，但并不排斥语言形式的学习。语言形式、意义和运用是相互联系的整体，任何将形式与意义、语言与语境割裂的教学都不足以培养学生的交际能力。因此教师应在任务型教学中融入语言形式学习，并引导学生运用这些语言形式完成任务。

高职行业英语教学任务可细分为一系列"微任务"。这些微任务可组成一个工作流程，属于演练式和结构非集中型任务，涉及听、说、读、写综合技能运用。以机电英语中建立业务关系的微任务为例，如表 7 – 2 所示。

表 7 – 2　建立业务关系的微任务

工作/教学任务——建立业务关系	语言技能
任务一　了解模具公司和产品	阅读
任务二　客户来函咨询	阅读
任务三　回复客户咨询	写作
任务四　约见客户	听说
任务五　接待客户	听说

续表

工作/教学任务——建立业务关系	语言技能
任务六 协商价格	听说
任务七 签订合同	写作

第三节 任务型教学原则

Nunan（2011）认为任务型教学应遵循以下原则。这些原则同时也体现了任务型教学的特点。

一、辅助性原则

教师应该在学习开始时就向学生提供必要的帮助，如提供语言材料或其他学习资源。

二、连续性原则

任务型教学是一个有序开展的过程，任务之间相互关联，形成任务链，这样学生才能逐步完成任务。

三、循环性原则

任务型教学关注语言的自然循环发展。语法结构及其功能会在不同的语境中不断地重现，这样有助于学生深入理解语言形式及其表达的功能，这是一种有机的习得过程。

四、主动性原则

任务型教学主张"做中学"，强调学生主动构建知识和运用所学知识而不是依赖老师的灌输。同时这也意味着老师应提供更多语言运用的机会。

五、整体性原则

虽然任务型教学强调学生运用语言知识表达意义，意义是首要的，但是语言形式、意义和功能是相互关联的整体，而不是彼此割裂的，所以教师在教学中应向学生明确有效交际是语言形式、功能和意义的结合。

六、创造性原则

老师应根据学生的实际认知水平和语言能力设计任务，鼓励学生从模仿运用学习材料中的语言向创造性运用语言发展。

七、反思性原则

学习过程是一个不断反思的过程。教师应引导学生反思学习内容和学习方法，这样学生才能够有意识地计划、监控和评价学习过程，以此促进语言的学习和运用。

第四节　任务型教学应用案例

一、任务图式框架

行业英语涉及各职业情境下典型的工作任务，各工作任务形成一个完整的图式。图式是指认知活动的框架或组织结构，是人类认识事物的基础。皮亚杰认为，认知发展的过程是同化和顺化之间的平衡过程

（施良方，2000：173）。个体的认知图式通过同化和顺化不断发展，以适应新的环境。个体每当遇到新的刺激，总是试图用原有图式去同化，使其成为认知结构的一部分。如果原有图式无法同化环境刺激，个体便会做出顺化，即调节、修改或重建原有图式，以达到认识上新的平衡。同化与顺化是同时进行的，是认知发展过程的两个方面。同样，认知语言学认为人们在与真实世界的互动体验中储存了大量相互联系的情境，这些情境的认知表征就是认知语境或认知模型（Ungerer & Schmid，2001：47）。认知模型的影响无处不在，即在认知活动中，我们都或多或少有意识地联系或提及一个或几个我们已经储存的认知模型。即使在遇到不相同、不熟悉甚至完全陌生的情境时，我们也会联系和运用类似的熟悉的认知模型进行理解。因此，图式或认知模型是归纳、理解、推理意义的基础和方式。学生没有工作情境中的任务图式，但可以通过激活联系类似的图式进行图式构建。构建的图式具有迁移性，即应用到未来的职业情境中。任务型教学框架，如表7-3所示。

表7-3 任务型教学框架

任务阶段	行动过程	认知图式	目的	内容方法	参与结构	教师角色	学生角色
任务前	计划	图式激活	认知情感	联系已有经验 了解任务内容 获取信息途径	小组	设计者 引导者 帮助者	合作者 参与者
任务中	实施	图式建构 拓展应用	认知情感	语篇分析 提供真实语料 聚焦语言结构 结合听说读写 多模态教学	个人 对子 小组 全班	监控者 协商者 观察者	合作者 参与者
任务后	评价	图式再现	元认知	语言知识和技能 学习策略 任务实施过程	个人	反思者	反思者

尽管各行业涉及的工作任务很多，但教师应选取和围绕行业中典型的工作任务进行教学，并且组合任务构成连贯的任务链，让典型任务中的语言知识结构在不同语境中反复出现，语言知识结构之间形成关联，这样有助于语言习得和工作任务图式的构建。

二、任务实施案例

我们以任务为单元组织教学，以任务引领语言技能和语言知识，以《新职业英语》——机电英语为例。

工作任务：模具公司介绍。

1. 任务前

教师介绍任务内容。

学生查询公司介绍：学生分为两组，通过网络或其他途径了解公司简介，最好是有英汉对照，了解公司的基本信息，如名称、地点、历史、子公司、主要产品、员工，记下语言表达。

2. 任务中

分组报告：学生展示了解的公司基本信息。

听力判断：教师提供含有公司介绍的听力材料以及其中关键的词汇和短语，提出问题并要求学生进行判断选择。

阅读课文：略读 Reading A，找出内容关键信息。

语言结构：well-known, subsidiary company, be built in, set up, be located in, in the field of, aim to, offer...to, be exported to, provide...with, look forward to。

语篇建构：根据语言结构建构语篇，包括公司名称、子公司、坐落地点、建立时间、主要产品、产品应用和销售、公司宗旨和优势、未来目标等。

输出活动：在接待客户任务中学生可以借助 PPT 进行口头介绍，

在业务信函写作任务中选取部分内容介绍公司,如建立时间、主要产品、公司优势等。

拓展阅读:通过公司网页了解当地一家大型钢铁公司的英文介绍。

3. 任务后

教师和学生反思教学、学习过程以及任务实施过程:

学生是否积极参与任务?

学生是否了解和掌握介绍公司的框架?

学生是否掌握并正确运用介绍公司的相应语言表达?

在学习过程中采用了哪些学习策略?

实施任务过程中遇到哪些困难并如何解决?

第五节　小结

现在英语教学已普遍采用任务型教学来提高学生的交际能力。但在高职英语教学中实施任务教学存在以下问题:一方面,高职学生英语语言知识和技能较为薄弱,同时也缺乏英语学习兴趣和动力;另一方面教学时间有限。高职英语课程作为基础文化课在一年级开设,此外各专业的学生在一年级要进行专业实训,因而英语实际教学课时非常有限。学生在课外很少进行英语自主学习和运用英语,课堂几乎成为学生唯一的英语学习环境。这些现实情况不仅影响到任务教学的设计和开展,也给高职英语教师带来挑战。高职英语教师应根据实际情况做出相应调整,设计符合学生语言水平和能力的任务,让学生主动参与,使英语运用最大化。除采用任务教学外,教师还应设计其他各种教学活动,如词汇、语法练习、游戏等。实际上,任务教学本身也给高职英语教师提出了新的任务要求,如转变角色、分析工作情境中的任务特点、语言特点和技能要求,提高任务设计和组织能力等。高职英语教师不只是传授讲解知识，还要通过任务、活动设计激发学生英语学习动力，所以在教学过程中应不断观察、探索、反思，不断丰富专业的教学知识，拓宽教学思路，提高任务设计和实施的教学能力。

参考文献

［1］NUNAN D. Task – based Language Teaching［M］. Bei Jing：Foreign Language Teaching and Research Press，2011：19 – 35.

［2］ELLIS R. Task – based Language Learning and Teaching［M］. Shang Hai：ShangHai Foreign Language Edu cation Press，2013：9 – 10.

［3］施良方. 学习论［M］. 北京：人民教育出版社，2000：173.

［4］Ungerer F，SCHMIN. H. J. An Introduction to Cognitive Linguistics［M］. Bei Jing：Foreign Language Teaching and Researth Press，2001：47.

第八章

高职英语语块教学

词汇教学是英语教学中的重要内容。在教学中学生普遍反映不能有效地记忆和运用所学的词汇与语言知识,词汇问题成为制约学生语言学习的瓶颈。如何有效地进行词汇教学已成为国内外学者探讨和研究的重要课题。词汇学习将词汇分为两部分,即可以借助语法规则进行自由组合的单词和不能用语法规则解释的固定的短语,如 idiom。然而,语言学家的研究表明,在句法和词汇两极之间存在着大量兼有句法和词汇特征的固定或半固定的语言结构,这些模式化的语块是语言交际中最理想的单位。自然话语中的 90% 是由那些半固定的语块(chunk)来实现。语言习得的一个共同模式是,学习者要经过这样一个阶段:在可以预测的社会语境中使用大量未经分析的语块(Nattinger & DeCarrico,1992)。这表明掌握未经分析的语块是语言习得的一个重要部分。

第一节 语块的界定及分类

无论是在口语还是书面语语篇中都存在多词(multi word)词汇现象。不同研究者对这些多词词汇单位使用了不同的术语,如 Nattinger 和 DeCarrio(1992)使用词汇短语(lexical phrases),Lewis(1993)使用词汇组块(lexical chunks),Pawley 和 Syder(1983)使用词汇化句干

(lexicalized sentence stems) 等等。语块是一个多词单位,是以整体形式储存在大脑中的一串词,可整体或稍做改动后作为预制块供学习者提取和使用。这一串词在语义和句法上形成一个有意义、不可分开的整体。根据 Moon（1997）对多词单位的分类,我们将语块分为:1. 搭配语（collocations）,主要涉及动词和名词、形容词和名词的搭配,如 attain a goal, raise capital, heavy traffic。它们是自然言语中频繁出现的词汇组合。操本族语者本能地知道哪些词可经常搭配在一块使用而哪些却不行。了解这些搭配是准确自然的英语表达的基础。2. 短语动词（phrasal verbs）,它们是由动词和副词或介词组合而成,构成这类短语频率最高的动词有 come, get, go, put,副词和介词则是 up, out, in, on, down。3. 习语（idioms）,其特点是语义的完整性,不能从习语的各部分得出意义,如 spill the beans, kick the bucket。4. 固定短语（fixed phrases）,通常是惯常的表达形式,如 of course, at least, in fact, by far。5. 预制块（prefabs）,指形式固定或半固定的具有语用功能的单词组合,如 the thing/fact/point is, that reminds me, I'm a great believer in。

第二节 语块教学的意义

语块兼有语法和词汇的特点,是一种语言使用惯例并在语言习得中和语言发展中起着至关重要的作用。外语教学的目的是用外语传达意义,交流思想。那么学习者如何表达他们心中的意义呢?母语使用者在言语交际中往往发挥记忆中语块的构建潜力,即将语块重新组合,加以扩充来满足交际的需要。认知科学研究表明,一套块件是一个记忆的组织单位,它把记忆中已经形成的一套块件熔接成一个更大的单位（桂诗春,2004:4）。语言教学应倡导以语块为中心,让学习者掌握常用的语块。

一、提高语言表达的地道性和准确性

学习者所用的语块之所以有别于本族语者的语块，根本原因在于学习者还没有注意和重视从地道的目的语中学习词的组合，而只注意单个词的声、形、义以及少量词组的学习。当需要表达某一意义时，由于许多学习者的记忆中还没有现成的能表达类似意义的地道语块，他们会受母语的影响，从记忆中提取相对应的英语单词并进行简单的组合，这样组合的结果必然会产生一些不地道的，甚至不可接受的语块。二语习得理论和研究表明，中国学生在英语学习过程中主要使用的是中介语。母语负迁移引发词汇搭配错误，如 solve difficulties（解决困难 overcome difficulties），take part in a job（参加工作 do a job），living level（生活水平 living standard），independent ability（独立能力 independence）等（范烨，2002：20）。Parley 和 Syder（1983）指出，很多学习者在用第二语言交际时，在选词方面与本族语者有较大的出入。因为在语言系统中人们可以做出大量的词汇选择，而其中只有一些是被人们认可的。本族语者一般都掌握大量的语块而且使用非常频繁，从某种意义上说，他们的言语交际是以语块为基础的。而二语学习者通常比较重视语法规则，更依赖语法规则生成句子，相对忽视语块在言语交际中的作用，掌握的语块也没有本族语者多。例如，英语本族语者评价一件非常容易做的事情时，很可能会使用 a piece of cake 这一语块，而二语学习者则很可能会说 it is easy。加强语块教学，让学生学习到更多真实的语言材料，注重识别和掌握本族语者常用的语块，从而提高选词能力，产出更地道、更准确、更接近目的语的语言。

二、改善言语交际的流利性

语言的加工处理是一种复杂的心理活动。语句的生成需要经过从心理词库中选择、提取所需词汇，然后根据语法规则组合成句这样一个过程。复杂的句法规则限制了交际活动中语言的输出量（Cook，1997）。这种制约对二语学习者来说尤为明显，是影响流利运用目的语的主要原因。Parley 和 Syder（1983）提出了"本族语者语言流利之谜"（puzzle of native-speaker fluency）这一问题，即从理论上讲，本族语者在快速处理语言时存在认知限制问题，但从表面看他们又能在语言产生过程中克服这一限制。通过对心理语言学文献的研究，他们发现本族语者在语言处理时的极限是每次一个从句的长度不超过 10 个单词。说话时他们在语句中间速度快而且流利，但在句末会放慢，甚至停下来以便建构下一个从句。说话人很少在句中停顿下来。本族语者能够流利地完成话语的原因在于他们使用了语块，也就是说，他们利用了储存在长时记忆中丰富的语言资源来弥补相对不足的语言处理能力。语块是形式和意义相结合的单位，且大量存在于口头和书面语言材料中，重现率高，是流畅连贯的语言交际的构成要素。语块以整体形式储存在心理词库中。在言语交际过程中，学习者根据语境和意义的需要选择与提取这些预制语块，不必根据句法规则临时组合和关注其内在结构，这样可以把认知资源转移到其他任务上，如话题的组织，学习者就可以在语篇层面组织言语并保持话语的连贯和流畅。

三、提高语用能力

英语教学以培养学生的语言交际能力为目标，语言交际能力包含了语用能力。培养交际能力意味着不仅使学生知道如何生成符合语法规范的句子，还要使学生学会得体地运用语言。在真实的语言环境中，交际者使用的不是一个个孤立的单词，而是大量的具有语用功能的语块。"许多人际交流习语的实质就是程式化"（Fernando，1996）。这些习语能使说话人进行连贯的、富有条理性的交流。Nattinger 和 DeCarrico

（1992）认为，词汇短语的语用功能主要体现在社会交往（social interactions）、必要的话题（necessary topics）和话语技巧（discourse devices）三个方面。每个方面都涉及许多具体功能。例如表示打招呼的语块有：Excuse/Pardon me, How are you (doing)? What's up? Good morning/afternoon/evening；表示响应的语块有 What's going on/happening? (I'm) fine, thanks。若涉及购物这一话题时，则要常用到这些语块：how much is..? I want to buy/see.., I'm looking for.., that's too expensive, a good/bad buy/bargain, I'll take it 等等。而 you know, it seems that.., by and large, at any rate, if you see what I mean, so to speak, as a matter of fact 等语块，则是帮助交际者在会话过程中达到流利程度的重要手段。一些起关联作用的语块把语篇的各部分语义连接成连贯的整体，如表示逻辑关系的语块：as a result of, because of, nevertheless, in spite of, what's more。二语学习者在习得词汇语块的同时，也习得了与之相对应的语用策略，语言交际能力也随之提高。

第三节 语块教学的方法

现行的英语教材都列有词汇表，并且注有相应的中文释义，这在某种程度上方便了教学。常规的词汇教学方法通常是教师在阅读之前根据词汇表逐个讲解单词，然后再进行文章的分析。这样，学生也习惯孤立地学习和记忆单词，所掌握的只是词的发音、词形和某个词义，同时还忽视了词汇知识的另一重要维度，即词义关系。Firth 认为，理解一个词要看它的结伴关系，即词的搭配关系（陆国强，2002：140）。因此，教师在教学中除了教授给学生单词的发音和词义之外，更重要的是以语块为中心进行教学，以此来提高学生准确得体地使用英语的能力。

一、培养语块意识

教师应首先具有元词汇知识。马广惠（2007：23）提出二语词汇知识中应包括元词汇知识，即有关词的宏观知识，涉及词的概念、词义、词的规则和词的变体等方面的知识。词汇不仅包括单个的词而且包括语块。许多英语教师对搭配的理解往往限于实词和虚词之间的搭配，忽略了实词和实词之间的搭配关系。所以运用元词汇知识指导教学才能使词汇教学更丰富、更全面。学习者可以运用这样的元词汇知识计划、管理和监控二语词汇学习。其次应意识到语块是语言教学的中心，要帮助学生识别固定和半固定的语块，讲解其用法，而对于使用频率高的具有一定语用功能的语块则结合具体的语境进行讲解，并通过口头和书面练习让他们掌握。

二、加强语块的输入和输出

在课堂教学中，教师可淡化词汇表的作用，在具体的语境中即课文中讲授词汇知识，有意识地引导学生注意和找出语篇中出现的语块，同时联系其语用功能进行讲解，并及时地归纳总结，注重从整体上加以理解、吸收和记忆。例如，《新编实用英语》中每个单元都包括一个交际话题，教师可以以话题为中心总结常用的语块。如问路时用到的语块：where is..? can you tell me the way to.., Would you please tell me how I can.., on the right/left, next to, walk/go down/along, at the end/corner of, far from。在阅读中培养学生"成块"阅读习惯，注重词与词之间的搭配关系，而不是停留在孤立的词上。对于阅读文章中的语块也应加以归纳，如 fail to do something, keep one's promise, keep somebody waiting, see off, ahead of schedule, so as to do something, wait for somebody to do something, get the things ready, be late for, apologize to, make an appointment, as soon as possible, make an arrangement, in this case, make an apology to。文章中一些在以往被作为语法知识的语句框架应作为语块学习,如 it is (hard) to.., whenever... you should, such ... as, the same is true with.., what's the use/point of..., neither... nor... 在讲解这些语块时,教师可以提供贴近生活、内容生动的例句,同时给学生提供输出语块的机会。例如,鼓励学生根据自己已有的知识和经验进行造句,角色扮演,改写和复述课文,组词成篇,让学生展示或朗读自己所写的句子,并进行讨论。教师引导学生注意和使用句型结构,这样学生在反复运用中不仅加深了对语块的理解,而且提高了语言应用能力。对于学生输出的语言应予以及时评价和反馈,增强学生学习的兴趣和自信心。Lewis (1993) 指出教师在重视产出型活动 (productive practice) 的同时要同样重视摄入型活动 (receptive practice)。这种教学活动有助于提高学习者对词汇本质的认识,让他们更有效地处理语言输入。如下面的练习。

In each of the following, one word does NOT make a strong word partnership with the word in capitals; which is the odd word?

① HIGH   season   price   opinion   spirits   house   time   priority

② MAIN   point   reason   effect   entrance   speed   road   meal   course

③ NEW   experience   job   food   potatoes   baby   situation   year

④ LIGHT   green   lunch   rain   entertainment   day   work   traffic

三、注重语块的文化内涵

语言不仅是交际的工具,而且是文化的组成部分,是文化的载体。文化内涵在词汇层面体现得最为丰富。学习语块的文化内涵有助于更有效地运用和更深刻地理解语块,同样透过语块这一语言现象我们可以了解英美国家的文化特征。例如,《新编实用英语》会话中出现这样的表达法"I do feel like a fish out of water",教师可以联系英国文化进行讲解。英国四面环海,英国人早期的生活很大程度依赖于海。在英语中有很多与"鱼"有关的习语,如 queer fish(怪人),shy fish(害羞的人),poor fish(可怜虫),drink like a fish(很会喝酒)。在了解语块的文化含义的同时,关注英汉两种语言的文化差异。再以习语为例,由于文化和认知上存在差异,两种语言中意义绝对等值的情况很少,如 pour oil on the flame, rack one's brain, fish in troubled water,相对应的汉语是"火上浇油""绞尽脑汁""浑水摸鱼"。有些意义上基本对等,如 kill two birds with one stone(一箭双雕),burn one's boat(破釜沉舟),like a drowned rat(像落汤鸡)。还有些习语表面看起来相似,意义却不相同,如 eat one's word 的意思是"承认说错",而不是"食言",pull someone's leg 是指"戏弄某人",而不是"拉某人后退"。

四、构建隐喻语块

教师可以通过一些课堂活动帮助学生记忆语块,然而,自然语言中语块数量之多会让学生无所适从,如果强调语块意义的任意性和不可预测性,语块学习会成为一个盲目记忆的过程。近年来,认知语言学研究旨在揭示语言现象背后的动因和理据。语言形式反映了人对世界的认知方式,例如隐喻认知模式。目前的隐喻研究已超越修辞学范畴。隐喻在语言的意义构建和演化过程中起着重要的作用。这一方面说明词义的产生和转变是一个认知心理过程;另一方面意味着二语学习者如果要获得接近本族语者的词汇能力,在学习中应经历类似的认知过程。隐喻普遍存在于日常语言中,我们赖以思考和行动的日常概念系统,在本质上是隐喻性的(Lakoff & Johnson, 1980:4),隐喻具有概念性和系统性。在教学中根据概念隐喻构建词汇模块,让学生了解语块意义形成的理据,有助于掌握和运用这些语块,从而达到一种概念流利(conceptual fluency)。例如,有关"生气"的表达式 blow one's stack, flip one's lid, pop one's lid, blow one's top, hit the ceiling, get hot under the collar, lose your cool, get steamed up 等语块是以概念隐喻 anger is heated fluid in a container(愤怒是容器中加热的液体)构建的。而 the foundation of the theory, support/shore up/buttress the theory, shaky argument, construct an argument, solid/strong argument, framework of theory 等语块则是与概念隐喻 theories are buildings(理论是建筑物)有关。

第四节 小结

语言由语法化的词汇组成,而不是由词汇化的语法组成(Lewis,1993)。语块概念的提出加深了人们对词汇知识的认识,语块以及语块教学愈来愈受到语言教师和研究者的关注。语块是语言教学和语言运用的理想单位,对二语习得起着重要的作用。语块教学结合了单词和语法知识,是一种语境化的语言教学,有利于促进语言表达的地道性、合适性、准确性和流利性。在课堂教学中,教师要开展语块形式、意义、功能、理据和文化五位一体的教学,提高语块意识;开展各种教学活动让学生注意、提取、选择和组合语块,以此构建句子和语篇,提高学生恰当运用语块的能力和综合应用能力。

参考文献

[1] CKKK V. Cognitive Processes in Second Language Learning [J]. IRAL, 1997, 15/1: 1-20.

[2] FERNANDO C. Idioms and Idiomaticity [M]. Oxford: Oxford U-

niversity Press, 1996.

［3］Lakoff, Johnson. Metaphor We Live by［M］. Chicago：The University of Chicago Press, 1980：4.

［4］LEWIS M. The Lexical Approach［M］. Hove, England：Language Teaching Publications, 1993.

［5］MOON R. Vocabulary Connections：Multiword Items in English［A］// SCHMITT N, McCarthy M Vocabulary Description, Acquisition and Pedagogy. Cambridge：CUP, 1997.

［6］NATTINGER J, DeCarrico J. Lexical Phrases and Language Teaching［M］. Oxford：Oxford University Press, 1992.

［7］PARLEY A, SYDER F. Two puzzles for Linguistic Theory. Native – like Selection and Native – like Fluency［A］//RICHARDS J, SCHMIDT R. Language and Communication. London：Longman, 1983.

［8］桂诗春. 我国外语教学的新思考［J］. 外国语, 2004 (4)：4.

［9］范烨. 关于中介语的研究报告［J］. 外语界, 2002 (2)：20.

［10］陆国强. 现代英语词汇学［M］. 上海：上海外语教育出版社, 2002：140.

［11］马广惠. 二语词汇理论框架［J］. 外语与外语教学, 2007 (4)：23.

第九章

高职英语语法教学

随着各种语言教学法的出现,语法教学成为各家争论的焦点。听说法强调句型操练和语言规则的描述,语言规则通过反复刺激得到巩固,忽视语言在语境中的实际运用。交际教学法强调意义交流和语言功能,认为交际本身能够促进语言习得,语言形式被忽视。任务教学法强调语言形式、意义和交际功能的融合,认为语言教学应该关注语言形式,并提出意识培养型任务,让学习者在接触大量的语言材料的基础上归纳语言规则和结构特征。不同的教学法体现了人们对语言本质的认识。随着认知语言学的兴起,语法不再被当成抽象的形式系统进行练习和记忆。认知语法主张语法是有意义的,意义的形成来自概念化,并根植于物理体验,从而揭示语法结构意义产生的认知过程和理据。语法意义的认知观为语法教学提供新的思路和途径。

第一节 英语现在时教学

英语语法教材和著作通常将一般现在时定义为主要表示现在时间的动词形式,可用来表示不受时间限制的客观存在、现在习惯动作、现在时刻、现在瞬间、过去时间、将来时间。由此看出一般现在时与现在时间既有联系,也有区别,时态(tense)与时间(time)并不是同一个概念。它们的联系是现在时可以表示包含现在时间在内的或长或短的一段时间中发生的动作或状态，区别在于现在时还可以表示将来、过去发生的事件以及无时间限制的客观事实。这样我们就不能从时间单一层面上理解和学习现在时的意义与用法。

一、情境定位、时态与情态

人们描述事件或场景时，往往涉及观察的视角。视角既有客观视角也有主观视角。主观视角反映说话人的情感、态度以及知识体系。说话人根据已有的知识体系对事件进行表达和做出判断。认识（epistemic）表示与说话人的认知知识体系有关，涉及对事物的判断或持有的态度，如可能、确定或怀疑（Evans & Green, 2006: 395）。认知语法指出时态和情态具有相关的认识价值，即都具有明确唤起情境，以及情境定位的功能。情境（ground）表示言语事件，事件的参与者如言者和听者、参与者之间的关系，言语事件发生的环境如时间、地点等（Langacker, 2016下: 4）。通常情境在语言表达式中均有所体现，是意义建构的出发点，但却隐而不现。就动词时态表达的事件而言，情境定位功能体现在两个方面。一是表明事件在情境中的认识地位。说话人参照当前现实的知识状态对事件加以定位，将事件与交际双方在认识上建立关联，从而将注意力引向意欲谈论和描述的事件。二是情境定位还指示事件与情境的距离。这种认识距离的不同表明说话人对事件不同的判断和态度，即认识立场（epistemic stance）（Evans& Green, 2006: 395）。这种认识立场也体现说话人看待事件的视角，具有主观性特征。在认识情境定位这一抽象层面，时态和情态属于同一范畴，两者的本质是都具有认识性，将事件与言语情境建立关联，同时表明事件观察的视角和参照点。功能语法则把时态和情态看成限定命题的定式成分，两者都具有人际互动的语义功能，即给命题确定一个参照点，把命题与言语事件中的语境联系起来，这样才可以对命题进行争论（Halliday，1994：75）。确定参照点的途径就是通过时态确定参照时间，情态确定说话人的认识判断。但两者并非各司其职，情态表示认识判断，也可表示将来时间，例如情态动词 will，同样时态不仅表示客观时间，也可以表示说话人的认识判断。

认识与时间是并行发展的，因为事件随时间逐一发生，时间不可逆转，过去发生的事情成为已知现实，我们只能回忆；未来发生的事情还不确定，我们只能预测；当前此时此刻发生的事情是我们唯一直接可及的，在认识上是确切真实的。这样直接现实（immediate reality）成为概念化主体（conceptualizer,）直接体验的场所，也是事件表征的出发点和参照点（Langacker，2016下：83）。因此事件在认识上是否位于直接现实或者是否临近概念化主体意味着不同的认识距离，因而形成不同的认识判断，这是时态和情态产生不同意义的根本动因。情境定位的不同体现在语言符号上，表现为现在时用无标记的零形式（第三人单数用 -s），过去时有显性标记 -ed，两者都定位于现实中。将来是未知的，位于非现实世界（irreality），用情态表示。现在时表示概念化主体将事件或概念客体置于直接现实，以此为视点观察事件。这样现在时不仅与言语情境中的说话时间联系起来，而且反映说话人的认识判断，因而具有了多义性。

二、现在时的认知体验基础

过去时的认知体验基础是空间距离性，现在时的认知体验基础是空间临近性。空间上的远和近是意象图式之一，和其他空间体验一样，如上—下、内—外、中心—边缘等，是在我们的日常体验中反复出现的图式。在日常体验中，人们认为近距离能够直接感知和接触的事物是真实的，也就是眼见为实。我们通过感官获取信息，而且认为直接感知和获取的信息更为真实与可靠，这样空间临近性与更高程度的真实性和确切性在体验上是相关的。此外，空间距离的远与近还表示事物间影响力的强弱。Lakoff 和 Johnson（1980：128）指出"距离相近就是影响力"。现在时的时间义表示现在时间，认识判断上表示认识上的确切和真实程度高。

三、现在时意义的认知理据

（一）现在时间

我们通常认为时态的基本功能是指示时间。从上面的分析我们可以看出，时间义只是认识图式意义范畴中的一个子范畴，可以看成典型意义。对事件认识程度上的差异与时间呈正相关，认识上的确切真实程度在时间上正好与现在时对应相关。

1. 现在时用于施为句，表示说话时刻动作即刻产生，并以此改变时间状态。施为句的语力最强。这种言语行为的力量来自现在时的临近性或者说话人的角色。

例1　a. I declare the meeting open.
　　　b. I challenge you to a match.

2. 现在时用于现场解说中，如体育比赛、现场操作说明等，说话时间与事件发生时间基本同步，所以常用现在时表示瞬间发生的动作。在这类高度程式化的情境中，解说员也可以在动作未发生的情况下仍然使用现在时进行解说，因为解说员可以根据已有的程式化的认知图式对即将发生的动作进行预测。另一种情况是，在对这类事件进行回放时，如体育比赛录像的回放，解说员说话时间与事件发生时间不同步，说话人同样可以使用现在时对已经发生的比赛进行解说。这是因为虽然事件发生在过去，但说话人仍然可以对过去的事件进行心理模拟，使过去的事件在心理空间产生现实关联，这样事件犹如在现在发生，从而产生真实生动的效果。

例2　a. He jumps; he gets his head to the ball and—oh! What a beautiful goal!

b. This TV set is easy to work. Watch what I do. I switch it on, press this button and it starts.

瞬间现在时与说话时间有关，体现现在时的时间义，因为动作发生的时间与说话时间几乎是同时的，但这一时间义同时也具有相应的语用功能。何自然（1987：177）认为瞬间现在时具有报道、解说和实施言语行为的语用功能，这样现在时的时间意义与语用意义是并行的。

（二）客观现实

现在时表示客观事实是指说话人对客观事件的认识和概念化，强调事件的真实性和事实性，反映事件发展的必然趋势和常规路径（normal course of the events），反映自然和社会世界恒定和常规的事实。这种路径如运动场上的跑道，除非有强大的外力改变其发展轨迹和方向。事件发展的动力来自其事实和规律性。如科学语篇常用现在时表示事物以及事物之间的关系，显示其客观事实和真实的特征，而事实是不易更改的。现在时表示客观现实包括以下四个方面。

1. 物理世界。如科学原理、客观自然现象等，反映物理客观世界的运行规律和本质结构，通常不以人的主观意志为转移。

例3　a. The earth rotates on its axis.

b. 3D wireframe is basically an extension of a 2D drafting. Each line has to be manually inserted into the drawing.

2. 社会生活。如法律条文、时间表、节假日、谚语等，这些通常由权威机构制定或是反映社会习俗和普遍现象。

例4　a. The school starts in September.

b. All roads lead to Rome.

3. 日常生活。如规章制度、产品说明书、菜谱、舞台剧本等。这些通常由集体或个体制定或创作，在任何时间内都可操作和进行。

例 5　a. It is best to polish rusty areas with some cleaning paper and anti–corrosion.

b. Lord Goring: Certainly. (Goes to the corner of the room and pours out a glass of water.) (Oscar Wilde, *An Ideal Husband*)

4. 个人生活。如个人的生活习惯、个人观点等，习惯的力量是强大的，足以产生和推动个体常规的生活轨迹。

例 6　a. He practices on the piano for an hour a day.

b. English women conceal their feelings till after they are married. (Oscar Wilde, *A Woman of No Importance*)

从上述例子可以看出，现在时客观现实的意义已不局限于现在时间，表示一种无时间限制（timeless）的用法。现在时的这种意义具有泛时性，不涉及特定时间，因而通常用于类指事件，不用于特指事件。现在时用于类指事件表达的是对各种实际发生事件共性的概括与抽象，反映事件的事实性、概括性、预测性、规律性和稳定性。

（三）心理现实

心理现实表示说话人在心理空间将事件置于直接现实，从这个现实视点对事件加以观察和描述，体现说话人对事件的心理模拟或心智操作。这样现在时意义已不再与现在时间有关，可以表达过去和将来事件，即将过去和未来发生的事件在心理空间上产生直接现实关联。

1. 回放历史。在心理和想象空间，历史事件好像是在此时此刻发生，如摄影镜头将历史事件记录再进行回放，生动再现和还原历史事实。历史现在时是将过去事件定位在直接现实中，因而不同于过去时表示的过去事件。现在时表示过去事件有两种解释：一种是说话人心理上将事件移至当前现实；另一种是说话人在心理上将此时此刻的现实视点移至过去的一个位置，从这个虚拟的现实视点对事件进行观察和描述，因而事件犹如发生在此时此刻。这是一种指称中心的心理转移（shifted deictic center）（Langacker，2004：136），而这种心理转移机制提高了说话人的客观程度。这两种解释的共同点都是将事件置于直接现实，因而在认识层面具有肯定和确定性。

例7　a. A bugle blows to stand by. A voice over the ship's communications roars："Stand by for a barrage."

b. I walk into this bar last night and this guy comes up to me, and he says...

2. 预测将来。在心理和想象空间预测将来事件，即在心理空间模拟或构建一个虚拟的日程表或计划，这种预测的视点仍然是直接现实。所以现在时表将来事件不同于其他将来表示法，它表示事件是预期会发生的实际事件，即在未来会按虚拟计划如期发生或发生的可能性很大。

例8　a. The meeting begins at 2 in the afternoon.

b. If it rains tomorrow, I will buy umbrella.

方文礼（2002：49）提出现在时具有"化虚为实"的功能，从情境定位和认识立场的角度来看，这里的"实"就是指"现实"。这里的"现实"并不是指客观真实世界本身，而是一个概念化的世界，即"经过一系列复杂心智操作在多样化感觉和运动经验中构建的现实世界"（Langacker，2004：118）。现实包括物理、社会和心理现实，是说话人视为真实并加以接受的现实，反映说话人的知识状态，是说话人进行认识判断的出发点和参照点。既然现在时反映说话人的知识状态，其表达的"现实"就有真实程度上的差异，既有客观真理，如3a，也有说话人视为真理的知识，如6b。现在时在认识情境定位上将事件置于直接现实中，临近概念化主体，表达说话人对事件肯定和确信的认识态度。这样时态也具有认识情态意义，不同于其他情态表达式，现在时表达的是客观、隐性、极性的认识情态意义，即使高量值的情态词也不如极性形式肯定，如 He must be at home 就不如 He is at home 肯定。

长期以来，现在时意义研究仅局限在时间范畴中，忽视现在时作为时态的认识图式意义，因而无法揭示现在时意义的本质特征，导致现在时的不同用法和意义之间缺乏连贯和统一的解释，因而在学习和使用时态的时候，学习者往往产生一定的困惑或是把时态混淆。认知语法对现在时的研究突破时间范畴，从情境定位和认识立场来解释现在时的时间用法与非现在时间用法之间的联系。现在时的意义与现在时的空间"临近"认知体验基础密切相关。事件在认知上临近概念化主体意味着概念主体立足直接现实体验，对描述事件赋予直接现实的认识地位，从而表达确切、真实和事实的认识判断，同时与情境中的说话时间联系起来。因此现在时不仅表示现在时间，还表示客观现实和心理现实意义。

第二节 英语过去时教学

我们在教学中常读到这样的句子：
例9   a. I was wondering if you have the time to join us.
b. If I were you, I would take his advice.

教师通常会说明第一句表示邀请，语气委婉；第二句是非真实的假设，用虚拟语气表达建议。但是这样的讲解仍然无法解释这样的疑惑，为什么过去时可以表示委婉语气？为什么虚拟语气中要用动词的过去时？认知语言学强调语言形式背后的语义理据，揭示语义形成的范畴化和概念化过程，以及认知方式在语义形成中的重要作用。英语时态与客观时间之间不是一一对应关系，时态不仅表示客观的时间概念，而且在交际语境中体现各种语用和主观意义。过去时的基本意义表示过去时间，但也表示非真实性与和缓的语气，因而形成一个多义范畴。各种意义间不是孤立和毫无内在联系的，而是相互关联的语义范畴。

一、动词过去时

动词的过去时，顾名思义，用以表示过去时间，但在许多情况下，也可以表示现在和将来时间，即非过去时间（non-past）。例如下面两句。

例 10　a. Did you want to see me now?

b. I wish I had a memory like yours.

Quirk（1985）认为，例 10a 是表态性过去时（attitudinal past），即表示说话人当前的试探性态度；例 10b 则为假设性过去时（hypothetical past），表示与说话人所认为或期待的相反，意含现在时间或将来时间的某一状态或事件不存在，是一种非真实性情况。但他未能解释这种时间上的错位现象以及过去时间用法和非过去时间用法之间的内在联系。

二、原型范畴理论和隐喻

原型范畴理论是在批判古典范畴理论的基础上建立起来的。哲学家 L. Wittgenstein（1958）首先从"游戏"范畴发现了经典范畴理论的局限性，此后 Berlin 和 Kay（1969），Rosch 和 Mervis（1975）通过颜色感知、范畴归类等大量心理学实验提出和完善了原型范畴的概念。其特点是：①范畴成员之间具有互相重叠的属性组合，即内部成员依靠家庭相似性（family resemblance）联系在一起；②成员之间的地位是不平等的，存在中心成员和边缘成员，具有更多的共同属性的成员是中心成员，即原型成员。原型效应不仅存在于非语言的概念结构中，也存在于语言结构中，因为语言结构同其他概念结构一样，都是建筑于同样的认知机制之上的。

原型范畴理论将范畴化看作人类对世界万物进行分类的一种认知活

动。语言单位取决于范畴化过程，而范畴化过程主要依靠隐喻和转喻。隐喻在认知语言中被认为是"对抽象范畴进行概念化的有力的认知工具"，是新的语言意义产生的根源（Lakoff & Johnson，1980：4）。他们提出"概念隐喻"（conceptual metaphor），即人们常以一个概念去认知、理解和建构另一概念，同时认为隐喻不只是语言问题，人类的思维和行动与普遍的概念体系本质上是隐喻性的，它是语言范畴意义拓展的主要途径。隐喻的认知基础是"意象图式"（image schema），它们来源于日常生活的基本经验，在概念的映射中起着重要作用。认知语言学对隐喻本质的研究，已从词汇层扩展到句法层，从而为阐释过去时的多义现象提供了新的研究视角。

三、过去时的意义链

正如前面所提到的多义现象不仅体现在词汇语义上，而且表现在语言结构的各个层次上，语法结构同样具有多义性。动词过去时最基本的用法是用来表述某个事件或状态发生或存在于说话的时间之前，也就是说，过去时的基本意义是指称性的（deictic），其参照点是说话人说话的这一刻，并且常与yesterday，a week ago，last year等具体的表示过去的时间状语一起连用。

例 11   I saw a film last night.

有时不用时间状语，而是根据具体的语境，如上下文、常识等使用过去时。如：

例 12   a. I was born in Shanghai.
b. Rome was not built in a day.

过去时也有非指称义，比如在描述历史事件时，那些事件是彼此参照，而不是以描述这事件的具体时间为参照。由此引发过去时可被用于各种文体的叙述中，比如在文学作品中，所描述的事件纯属想象，从来没有存在过，也就无从谈起它们是发生在写作的时间之前还是之后，但通常小说中基本的时态是用过去时。在科幻作品中所描述事件可能发生在写作时间之后，但大部分科幻作品依然是用过去时来叙述的。例如下面这段描述。

例13　In the year A. D. 2201, the interplanetary transit vehicle（星际飞船）Zeno Ⅶ made a routine journey to the moon with thirty people on board.

过去时从最初表达相对于现在的过去时间到表达历史的过去，逐步成为一种叙述口吻的标志。然而英语中的过去时还有另外两个与过去看似毫无联系的重要意义，一个是表示事件或状态的非真实性，一个是表示和缓的语气。

例14　a. If I had had time then, I would have accompanied him.

b. I wish it were spring all the year around.

例14中的过去时都表示一种非真实性情况。例14a意指说话人当时没有时间，表达一种遗憾；例14b则表达说话人的主观愿望。

此外，说话人在表达请求、建议时使用过去时可以传达和缓的语气，例如：

例15　a. Excuse me. I wanted to ask you something.

b. It is time we went to see him.

过去时和进行体一起使用可以表达同样的效果，即使说话的语气客气、委婉，如例16。

例16　a. Was there anything you were wanting?

b. I was wondering if you could help me.

其实最能执行语气委婉这一语用功能的是情态动词的过去时。

例17　a. Can you help me?

b. Could you help me?

c. You shall speak to him.

d. You should speak to him.

例 17 中 b 比 a 语气委婉、客气，因而听起来更为礼貌；d 表示提供建议，而 c 则含有命令的语气。

由此，我们可以看到过去时的一条意义链：过去时间→非真实性→和缓的语气。所以过去时属于多义范畴（polysemous category）。

四、距离性——过去时的实质

语法学家都致力于对过去时的过去时间用法和非过去时间用法的内在联系做出解释。Palmer（1974）提出，动词过去时的非真实（unreality）用法本质跟过去时间用法是一致的，过去时是一种表示"距离"的时态，包括时间方面或真实性方面的"距离"（remote in time or in reality）。例如：

例 18 I was ill last week.

当听到这句话时，我们会得出这样的结论：说话者现在已经痊愈。所以过去时暗含所述的动作或状态现在已不存在，即该状态在现在的情况下为虚拟，也就是非真实性。过去时表达非真实性就是这种含义的视角化（perspectivization）。正如 Taylor（1995：152）所指出的："An account of a past – time state of affairs may well carry the implication of the present – time counterfactuality of that states of affairs. By the pespectivization of this common implication, the past time can come to convey counterfactuality."

易仲良（1987：66）将 Palmer 的"距离"说进一步引申到"心理距离"（remote in psychology）。人与人之间所谓的礼貌、客气之所以存在，通常是人们之间的关系存在一定的距离，这种距离不是时间上的，而是心理上的。语用学研究表明，礼貌程度与话语的间接程度是一致的，因为话语越间接，语气就越委婉，听话人对是否按说话人的意志实施一定的行为就有较大的选择余地。选择过去时，由于其距离性实质，使得话语变得间接，便会削弱话语的强加语力，说话人和听话人双方留有余地，不威胁人们的面子，从而使话语得体礼貌，实际上这也是说话人使用的一种礼貌策略。由此我们得出结论：动词过去时的实质是距离性（remoteness），也就是说，动词的过去时态总是表示其动作或状态与说话时刻存在某种距离关系，或时间距离，或与真实性的距离，或心理方面的距离。

五、距离性的认知理据

"距离"的最初意义来自空间概念。认知语言学认为人类的空间概念是最基本的概念，构成理解其他概念的基础。在此基础上形成意象图式，再经过隐喻和转喻模式，物理空间概念被映射到其他抽象概念结构中，于是，这些概念也被赋予了一种空间结构（赵艳芳，2001：77）。比如英语 at，从物理空间映射到时间、状态、方式、原因等，从而形成 at 的多义网络：at the station（处所），at five o'clock（时间），at war（状态），at high speed（方式）等。语法化的研究成果也表明很多实词虚化的过程也遵循这一认知过程。如 be going to，先说 She is going to London，而后才说 She is going to work at our office（时间、意图）（Ungerer & Schmid，2009：369）。因此空间认知域是人类认知活动的重要基础。由空间域向时间域，以及各种各样的抽象认知域映射（mapping）或投射（projecting），是人类对整个物质和非物质世界的隐喻认知过程。过去时所表示的过去时间与现在时间没有关系，其所表示的状态现在已不复存在，因此被感知与现在时间有一定的距离。距离的意象图示如图 9-1 所示。

图 9-1 中的 A 点和 R 的位置关系，是人们对时间概念的意象图式。该图式的形成根源于人们头脑中两点间空间位置关系概念的隐喻

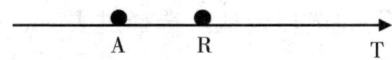

图9-1 距离的意象图式（T代表时间轴，R点表示现在时点，A点表示R点左侧的任一时点）

化。正因为有"时间即空间"这个概念隐喻，我们可以说distant past和near future。过去时表示非真实性是由时间域向真实性域（truth domain）投射的结果。其中，时间域为源域（source domain），真实性域为目标域（target domain）。在目标域中，点A和R不再代表两个时间点，点R是真实性参照点，而点A与R有一定的距离，所以表示非真实性。过去时表达语气委婉的功能经历了从时间域到心理域（psychology domain）隐喻化投射过程。感情投入和相互影响的可能性程度反映双方的亲疏关系，即心理距离。因此，在英语中，有这样的表达式：distance oneself from a proposal, one has a close relationship with a person, keep one's distance等。这样一来，说话人选用过去时有意疏远自己正在实施的言语行为之间的距离。正因如此，用过去时执行某个言行行为语气就显得和缓了。

由此可见，过去时间的非时间用法、非真实性和和缓的语气是由其基本义通过概念隐喻化拓展而来。Taylor（1995：153）根据原型范畴理论指出，在过去时这个语法范畴中，三种意义依靠家族相似性联系在一起，其地位是不同的，过去时间用法是中心成员，其他两种意义是边缘成员，原因在于它们多产性（productivity）方面的不同。可以说，过去时间用法几乎适合任何动词，并且出现在任何句法结构中。而非真实性意义只出现在有限的句子结构中，如if..., I wish..., if only..., as if..., suppose..., I thought...等。和缓语气的用法则更有限，只限于少数心理活动动词如want, hope, wonder, think等，以及情态动词如could, should, would等。

英语动词过去时的多义性往往让学生感到困惑,难以掌握其用法,对过去时实质的探讨和其认知理据的揭示,无疑有助于学习者对英语过去时态的习得。过去时距离性最初来自空间概念,通过概念隐喻化,投射到时间距离、真实性距离和心理距离。过去时的三种意义即过去时间、非真实性与和缓语气构成了一条意义链,通过家族相似性联系在一起。在过去时这个语法范畴中,过去时间是核心意义,是中心成员,其他两种意义是边缘成员。过去时的语法意义在演变过程中,体现了认知语言学关于语言的"主观化"的观点,即"意义变得越来越依赖于说话人对命题内容的主观信念和态度"(沈家煊,2001:271)。

六、时态的教学策略

时态的意义形成来自人们与所处世界的互动体验。这种体验既有具身体验,又有离身的心理模拟体验。具身体验来自直接的感知和动觉,如对空间距离、移动路径的感知,观察事件的位置等。同时人们又超越具身体验,通过认知活动构建和拓展更为抽象的意义,如虚拟性、抽象化、主观化,以此扩大认知的范围,理解更为复杂和抽象的事物与现象。无论是具身认知还是离身认知都根植于直接体验,是人们对所处世界概念化的方式。"语法展现了人类认知的一个本质特征"(Langacker,2016下:530)。这种特征表现在从日常直接体验获得概念原型,然后通过虚拟性、抽象化、主观化等认知方式扩展到其他领域。可以说语法连接了客观和主观、现实和虚拟、具体和抽象、物理和心理世界。这些认知方式对语法学习而言体现为一种认知能力的培养。根据语法意义的形成特点,教师设计教学活动让学生参与和讨论,如让学生根据距离的远近感知相互之间的影响,力量的大小与强弱,关系的亲近与疏远,事物的真实与虚拟,确定与不确定。时态教学既要注重意义,又要关注形式,例如采用口诀总结语法特点和规律。

例19　a. I wish I had wings and could fly to your home.
　　　b. I hope you have a pleasant day.

讲解以上两句的区别时,用"希望现在美好,但愿一切过去",学生更容易记住和掌握这两种句型结构的用法。

第三节　英语进行体教学

语法教学通常不对英语时态和体态(aspect)进行区分。时态和体态虽然会在一起使用,但是属于英语动词不同的语法范畴。两者的语法意义的区分在于:时态表示动作或状态的外部关系,而体态表示动作或状态的内部结构(易仲良,1999:156)。认知语法认为时态是情境定位成分,将事件与情境中的说话时间联系起来,体态则赋予对事件过程的各种观察方法。由此可见,体态反映事件过程的内部状态,如是在进行当中还是已经完成,因而动词有进行体和完成体之分。

人们能够从不同的视角、用不同的方式观察同一个事件或情境。Langacker(2016上:96)用识解(construe)这个术语指人们为实现思维和表达的目的可从不同的方式观察同一情境的认知能力。识解在概念、语义结构和语言表达的语义值形成过程中起着重要作用,并强调人的主观因素。语义本质上是识解的结果,因此具有意象性。识解涉及不同的观察方式,包括详略度、聚焦、凸显性和视角,即选取观察的范围,观察的视角以及观察的详略程度。这样情境中的部分特征得以凸显,成为注意焦点。人们在观察同一情境时,由于观察方式的不同会形成不同的意象,也就产生不同的语言表达,相反,不同的语言表达也体现不同的观察方式。例如:

例20　a. This road winds through the mountains.

b. This road is winding through the mountains.

这两句话描述的是同一客观情境,即一条蜿蜒曲折的路,由于观察位置的不同因而表达不同的意象,产生不同的意义。例 20a 表示观察到的范围很广,如路的曲折情形、路的坡度、周围环绕的群山等,用于查看地形图等语境中。而例 20b 表示说话人在路上行进,其观察的范围受到限制,只能看到行进过程中的情形。

认知语法认为一个表达式选择一定范围的概念内容作为其意义基础,称为基体(base),也是语言表达式激活的概念内容的最大范围,而其中被注意的凸显部分是显面(profile)(Langacker 2016 上:117)。基体为描述显面提供背景。一个表达式的语义值既不单单存在于基体,也不单单存在于显面,而是存在于二者的结合之中。基体是显面形成和理解的基础(图 9 – 2)。

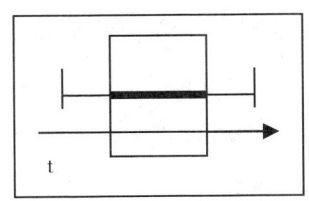

图 9 – 2 进行体的图式(Langacker,2016 上:279)

进行体的基体是一个有界事件或非持续过程(有端点的线段),显面则是凸显不含端点的部分(线段中的粗线部分),也是观察和注意的焦点。进行体的识解方式是对非持续过程的内部状态进行观察和聚焦,不包括两个端点,这样非持续过程转变为持续过程。因此,进行体表示暂时的和有限的持续性的语义特征。进行体只是一种暂时的持续过程,暗含端点和变化,这不同于典型的持续过程,这种典型持续过程是无限延伸的,没有端点,并呈现稳定的状态。认知语法用图式化表示各种用法事件或实例内在共性的提取过程,从而达到概念的抽象化。进行体的图式意义在于:1. 忽略内部结构中各成分状态之间的差异,表示各成分状态在表征内部状态性质上具有同一性或同质性,即任意一个成分状态都表示"未完成性"状态。2. 过程内部成分状态的同质性使得过程具有延伸和收缩的灵活性,即在有限的范围中将观察的范围进行延伸或收缩。3. 图式并不表示实例的具体化或细化状态,也不等同或对应于客观世界。因为在客观世界中,过程持续中可能是有变化的。4. 图式也并不表示进行体不具有变化意义,进行体的变化意义体现在量变而非质变的过程,即不包括起点和终点。认知语法认为持续过程类似于物质名词(mass noun)。物质名词内部具有同质性特征,例如 water,水量的增加和减少都不会改变水的本质特征,但是会产生量的变化。而且,进行体的概念基体是非持续性的,因此暗含起点和终点,这也意味着暗含状态的改变。例如虽然都描述静态情境,但是例 21a 描述一个力动态事件,表示暂时的平衡稳定状态,这种平衡很可能因为水量的不断增加而发生改变。而例 21b 句描述一个静止的空间位置关系,表示无限延续的稳定状态。

例 21　a. The dam is containing the surging floodwaters.
　　　b. The barrel contains water.

二、动词类型和进行体意义

Langacker(2016 上:260)认为动词凸显过程,并将过程分为非持续过程(perfective)和持续过程(imperfective)。前者表示在时间中发生变化的过程,后者表示时间上没有变化的恒定的过程,该过程的各成分状态之间在时间维度上被识解为彼此相同。非持续和持续过程的区别在于有无内在的起点与终点,即有界和无界的区别。非持续过程表示有界,即有起点和终点,意味着变化,而持续过程表示无限延伸。过程的有界性并不是指过程自身具有客观给定的或是情境中可以观察的自然终点,而是在于该过程是否被概念化为某种有界事件。传统语法将动词分为动态动词和状态动词。动态动词是非持续过程，状态动词是持续过程。但非持续和持续过程的区分不是绝对的，不是非此即彼的，在一定的语境中，两者可以相互转换。

进行体的基本语义表示某时间点或时间段正在进行或发生的动作。进行体的图式特征说明动态动词都可以使用进行体。动态动词分为延续动词、转态动词、位移动词和短暂动词（章振邦，1989：400）。延续动词表示有界的非持续过程，与图式语义特征一致，因而可以使用进行体。例如：

例22　a. I'm writing a letter.

b. It was raining hard when we got off the train.

转态动词表示状态的改变，具有起始义，用于进行体表示动作开始后逐渐变化的过程，但不包括起点。例如：

例23　a. It's getting colder.

b. The leaves of the tree are turning yellow.

进行体的转态用法扩展到其他非转态动词。

例24　Her voice had changed. It was shaking now—crying now.（K. Mansfield, *The Escape*）

（她的声音都变了。这会儿开始颤抖起来—现在又哭叫起来。）

位移动词本身预设了一条延伸的位移路径，也就是位移动词的基体。这类动词的语义特点是表示位置变化，而且指向目的地。如 arrive 本身预设了一条延伸的位移路径，但凸显的是接近并到达目的地的那一段过程，其他部分则成为基体的一部分，被隐含起来。这类动词用进行体时，因具有接近目标的趋向性，所以表示"将要，即将"发生的动作。这也解释了进行体通常表示最近即将发生的动作这一用法。

例25　a. They were reaching the top of the mountain.

b. The New Year is coming.

语法化研究表明 be going to 不仅表示对行为、动作的预测，而且进一步扩展到对将来状态的预测（Ungerer & Schmid，2006：369）。例如：

例 26　a. It's going to rain.

b. You're going to be friends.

进行体这一表示将来用法扩展到其他非位移动词。

例 27　a. Are you doing anything special tonight?

b. One of the town doctors is retiring soon.

短暂动词表示瞬间发生和完成的动作，如 jump，knock，flash 等，这类动词不具有持续性，也不同于位移动词那样暗含延伸的路径。这类动词类似"点"，起点和终点瞬间几乎同时发生，其内部过程不能展开，因而不具有持续性，但是可以通过点数量的增加来延伸状态，因此这类动词的进行体凸显动作的重复持续。

例 28　a. Someone was knocking at the door.

b. He was jumping to keep warm.

第一，状态动词相对于动态动词而言，表示的是相对静止的状态，而非绝对静止或没有变化。在现实世界中，这类动词过程中的成分状态之间的变化细微，不易被感知和察觉，因此感知为恒定没有变化的状态。

第二，状态动词中一些动词具有跨类性质，既可以表示非持续性也可以表示持续性。如 resemble，其本身的语义中就含有起始义，因而可以用于进行体，凸显内部状态开始改变的过程。这一用法也可看成转态动词的扩展用法。

例 29　a. He resembles his father.

b. He is resembling his father more and more as the years go by.

其他状态动词，如 like，cost 等，用于进行体时都表示"越来越……"的渐变义，体现一种程度或数量的变化。这类状态动词用于现在时和用于进行体的意义有些差异。用于现在时，表示恒定的没有变化的状态，并且无限延伸。

例30　a. Apples are costing more these days.

b. How much does this book cost?

c. I'm liking this food more and more.

d. I like cheese.

第三，be 用于进行体。这里的 be 不是状态动词，而是它的一个变体，表示动态的意义，表示"显出某种样子"的意义，表示非持续过程，因此可以用于进行体。Be 用于进行体跟其后的形容词意义有关，这类形容词都具有动态含义，如 ambitious, brave, careful, clever, foolish, greedy 等。这类形容词的动态意义还表现在可以用于祈使句。如 Be careful。Be 用于进行体，表示暂时的而不是恒定的行为表现。

例31　a. He was being kind for the moment.

b. Now you're being offensive.

第四，be 和 have 表示状态意义时，表示持续过程，与进行体的语义图式特征不一致，不能用进行体。

三、进行体的语用功能

进行体的语用意义是在进行体基本语义的基础上的拓展和延伸而来的，在具体的语境中体现交际者的语用意图以及情感、评价等意义。利奇（1987：13）指出意义的类型，即理性意义、联想意义和主题意义。其中，理性意义是核心，是语言交流的根本。联想意义包括内涵意义、社会意义、情感意义、反映意义和搭配意义，体现的是人们的体验，既具有共性也具有个体和文化的差异性。不仅词汇，语法结构也具有这些意义。主题意义是说话者运用不同的语法结构描述同一情境，体现了不同的信息组织方式，同时也传递了不同的内容。进行体语义图式特征具有高度的灵活性。这种灵活性来源于进行体概念基体和显面的结合，即暂时的持续性。过程可以延伸或收缩，表达一定的语用目的。

1. 进行体用于表示心理状态的动词，是将进行体的语义特征投射到心理空间，有意缩短过程，表示临时性、暂时性和不确定性，可以根据对方的反应随时进行调整，因此具有委婉的语用功能。

例32　a. I'm hoping you'll give us some advice.

b. I'm wondering if I may have a word with you.

2. 由于进行体采用的是有限的内视角观察方式，因此其展示和描述的是过程内部状态，这是一种关注局部范围移动状态的近距离观察模式，因此运用进行体可以展示情境的生动性和逼真性，从而产生画面感，如电影中的特写镜头或慢镜头。

例33　a. Sitting at home, twiddling his thumbs, conscious all the while his life's work was slipping away, dissolving, disappearing through Harold's fine fingers, while Harold smiled... （K. Mansfield, *An Ideal Family*）

（坐在家里，在极端无聊中想着自己的事业从哈罗德的微笑中，从他纤细的手上溜走，化为乌有……）

b. I was taking care of animals. （**Ernest Hemingway**, *Old Man at the Bridge*）

（我当时在照顾动物。）

这句话在海明威的小说《桥边的老人》中出现过三次。老人的话语虽然简短，但一幅宁静安详、怡然自乐的生活画面展现在老人和读者的眼前，这种情境与战争的炮火形成强烈的对比。

3. 由于进行体表示的是有限持续，因此与always, constantly, forever等副词连用，表示说话人有意延伸过程，表达强烈的情感和评价等主观意义。

例34　a. He is always thinking of helping others.（表示赞扬）

b. Some people are always complaining. （表示讨厌）

进行体的这种用法还反映说话者希望状态改变。例如，例 35 中的对话说话人 A 邀请 B 去跑步，而 B 却借口不去，A 希望他不要总是这样拖延，运用进行体表示强烈的主观意图。

例 35　A. I'm going jogging. Would you like to come with me?

B. No way!

A. Oh, come on. You could use the exercises. <u>You've been going to pot.</u>

…

B. How about next time? I'm kind of tired today.

A. <u>You are always putting it off</u>! I'm tired of listening to your excuses. Can't you just try it once?

（《简明实用英语》Unit Five）

4. 进行体还可用于表示同一话题的接续和评价，常与 tell, talk, joke, exaggerate 等言说类动词连用。这一功能以及进行体对事件的解释功能都和进行体的同质延续的语义特征相关。

例 36　You don't believing it? You know I'm telling the truth.

"Listen, Billy," William Campbell said, "I want to tell you something. You're called 'Sliding Billy'. That's because you can slide…"

"Yes," said "Sliding Billy" Turner.

"Yes, what?" William Campbell looked at him.

"You were saying."

"No," said William Campbell. "I wasn't saying. It must have been a mistake."

(Ernest Hemingway, *A Pursuit Race*)

四、进行体的复杂形式

英语进行体可以与其他语法形式结合，形成更为复杂的结构。

1. 进行体与 will 等连用时,表示临时的想法或婉转的口气。说话人有意缩短状态,减弱 will 所表示的意愿性。

例 37　When will you be visiting us again?

2. 进行体与完成体结合,构成完成进行体,凸显不间断性,这种持续性一直持续到接近参照点。这种用法也表示说话人有意延伸状态,因而也具有语用意义。

例 38　a. We have been looking for you everywhere.

b. I've been reading newspaper.

进行体表示对一个非持续过程的内部进行观察,凸显其中不含端点的部分。进行体的运用不仅体现人们观察事件内部的起始、进行、持续、接近终点的各种状态,而且还可以表达情感、心理、评价等主观意义。进行体的认知语义合理有效、连贯一致地解释了各种实例的用法。

第四节　小结

英语时态是语法教学中的重要内容。通常的语法教材对英语时态进行详细的分类,如一般现在时、现在进行时、一般将来时、一般过去时、现在完成时等等。在教学中,教师往往注重对各时态意义和用法的描述,并要求学生通过做大量的语法练习加以熟练和记忆。学生通过这种方式固然可以学到一些时态用法和记住语法规则,但在交际中却容易混淆,不能做到恰当使用和输出。传统语义观认为,意义是语言与外界世界之间一种直接的对应关系,语言描述的是客观的外部世界。语义认知观认为,语言意义不是对客观世界的镜像反映,而是反映人的认知,认知来源于人们与客观世界的互动体验。Holme(2010:21)提出语言学习即范畴学习,而范畴是复杂的、可以拓展的。语法结构的意义范畴同词汇意义范畴一样,通过认知方式进行范畴拓展,并形成相互关联的意义网络。因此语法意义体现了认知方式,如视角、注意力、凸显度等。认知语义观认为意义不是客观给定的,而是反映了人们对情境的理解和认知。认知语法用高度抽象化的图式概括了英语时体的意义实例。从认知视角进行语法教学,强调以语义为核心,注重时态意义形成的体验基础和认知理据,不仅让学生知道时态表达的意义是什么,而且让学生知道意义之间的内在关联,这样更好地理解语法形式各种用法之间的相互联系,避免让学生只记住罗列的语法规则以及各种不符合规则的例外的语言表达。在语法教学中教师采用图式进行讲解,也会起到简洁明了和直观形象的作用,而不只是抽象地讲解语法规则。当然在教学中,教师并不需要用如识解、意象、基体、显面这样的术语进行教学,可以采用通俗易懂的语言来阐述,还可以设计情境或活动让学生参与,做到真正地体验语言。

参考文献

[1] BERLIN B, KAY P. Basic Color Terms: Their Universality and Evolution [M]. Berkeley, Los Angleles: University of California Press, 1969.

[2] EVANS V, GREEN M. Cognitive Linguistics: An Introduction [M]. Edinburgh: Edinburgh University Press, 2006: 395.

[3] HALLIDAY M A. K. An Introduction to Functional Grammar [M]. London: Edward Arnold Limited, 1994: 75.

[4] Holme R. Cognitive Linguistics and Language Teaching [M]. Beijing: Foreign Language Teaching and Research Press, 2010: 21.

[5] LAKOFF G, JOHNSON M. Metaphors We Live by [M]. Chicago: The University of Chicago Press, 1980: 4-128.

[6] LANGACKER R W. Cognitive Grammar：A Basic Introduction（上卷）[M]．黄蓓，译．北京：商务印书馆，2016：96－260.

[7] LANGACKER R W. Cognitive Grammar：A Basic Introduction（下卷）[M]．黄蓓，译．北京：商务印书馆，2016.

[8] LANGACKER R W. Foundations of Cognitive Grammar：Theoretical Prerequisites [M]．Beijing：Peking University Press，2004：118－136.

[9] PALMER F. R. The English Verb [M]．London：Longman Group Ltd. 1974.

[10] QUIRK. A Comprehensive Grammar of English Language [M]．London：Longman Group Ltd. 1985.

[11] ROSCH E.，MERVIS C. B. Family Resemblances：Studies in the Internal Structure of Categories [J]．Cognitive Pschology，1975（7）：573－605.

[12] TAYLOR J. R. Linguistic Categorization：Prototypes in Linguistic Theory [M]．Oxford：Oxford University Press，1995：153－154.

[13] UNGERER F，SCHMID H. J. An Introduction to Congnitive Linguistics [M]．New Jersey：Addison Wesley Longman Ltd，2006：369.

[14] 方文礼．认知影射机制与英语时体"化实为虚"和"化虚为实"的表意功能 [J]．外国语，2002（6）：49.

[15] 何自然．语用学概论 [M]．长沙：湖南教育出版社，1987：177.

[16] 利奇．语义学 [M]．李瑞华，等译．上海：上海外语教育出版社，1987：13.

[17] 沈家煊．语言的"主观性"和"主观化" [J]．外语教学与研究，2001（4）：271.

[18] 易仲良．英语动词语义语法学 [M]．长沙：湖南师范大学

出版社，1999：66-156.

［19］赵艳芳．认知语言学概论［M］．上海：上海外语教育出版社，2001：77.

［20］章振邦．新编英语语法（上）［M］．上海：上海外语教育出版社，1989：400.

第十章

高职英语语篇教学

语篇是语言使用的基本单位。语篇分析研究人们在真实语境中如何使用语言来实现交际目的,它关注语言形式和意义,语言使用与语境,语言使用者之间以及语言与文化的关系。语言使用的语篇观表明人们实际运用的单位是语篇,而不是词汇或句子。词汇和语法相互联系共同构建语篇,由此可见,孤立的词汇语法教学不能真正培养学生语言运用能力。语篇教学是一种语境教学,体现语言形式和功能的结合。高职行业英语语篇教学根据行业英语语篇的词汇、句法和语篇结构特点,倡导以任务为载体,学生在完成任务中学会运用语篇实现交际目的,并以人们实际使用的语篇为参照来组织、实施和评价教学,培养高职学生在职业语境中运用语言的能力。

第一节 语篇分析和语篇能力

语篇是一个语义单位,短到一句问候,长至一篇小说。语篇和非语篇的最大区别是语篇具有语篇特征。语篇性包括衔接、连贯、目的性、可接受性,信息性、情境性和篇际性(胡曙中,2005:10)。语篇是言语交际过程中的产物,是有效交际的基本单位。无论以何种语言形式出现,语篇都应该合乎语法、语义连贯,包括与外界语义上和语用上的连贯，也包括语篇内在语言上的连贯。语篇依赖语境而存在，具有明确的交际功能和目的。这是广义上的语篇，也有研究者关注某一领域的语篇研究，后者影响到专门用途英语教学。例如 Bhatia（2004：3）将语篇定义为机构、专业和社会语境中的语言使用，指出语篇分析关注词汇语法和其他语篇特征、语言使用的组织规律以及机构、专业和社会语境对语言使用的影响，并提出语篇分析的四空间模式，即文本空间、语类空间、专业空间和社会空间。这一多视角分析模式反映了语篇分析从描写到解释、语言表层到深层、词汇语法形式到语类结构、语言知识到社会知识、单一视角到多视角多维度的发展过程和趋势。我们在语篇分析时，不仅要关注语篇表层的语言特点、语篇组织模式，更要关注各种社会文化语境因素对语篇建构的制约。

　　高职英语教学的目的是培养学生的英语应用能力，这种能力具体体现在哪些方面？语言交际法注重语言在语境中的使用。交际能力（communicative competence）的提出是针对乔姆斯基的语言能力（competence）和语言运用（performance）的区分。Chomsky（1965）认为语言能力是本族语者具有潜在的知识体系，以此能够构成合乎语法的句子的能力。这种语言能力是抽象的，只指向语言体系内部，没有考虑语言运用的社会、文化等语境因素。Hymes（1971）拓展了语言能力这一概念，认为说话者需要知道如何在特定语境中使用语言以实现恰当而有效的交际。Canale（1983）提出交际能力并非单一概念，而是一个整体概念，由社会语言能力、策略能力、语篇能力和语言能力组成。这四种能力各有侧重，体现交际能力的不同方面，也表明交际能力是一种多维综合的能力。从语言使用的角度来看，语篇是言语交际的基本单位，语篇使用和建构过程不仅涉及语篇的衔接与连贯，同时也应涉及社会语用规则、语法规则以及言语和非言语策略。可以说交际能力以语篇能力为核心，语篇能力是交际能力的具体体现。Bhatia（2004：144）从学科和专业领域的角度提出，语篇能力（discursive competence）包括三个相互联系的层次：文本能力（textual competence）、语类能力（generic competence）和社会能力（social competence）。文本能力是指运用文本、语境和语用知识建构与解释文本的能力。语类能力是指识别、建构、解释和利用一套特定的专业、学科或工作语类从事专业活动，以达到特定专业社区的目的。社会能力是指使用语言有效参与各种社会和机构语境，并表达社会身份。

由此可见，语篇能力是多种能力的综合体。高职英语教学应该帮助学生从语篇的角度来理解语言、学习语言和使用语言，重视培养学生的语篇能力，并以此提高学生的英语应用能力，使他们在未来的工作情境中有效参与和从事专业活动。这种语篇能力包括语篇的识别、理解、解释、构建和评价能力。这五种能力彼此之间相互联系，并且和语境相互联系。

识别能力：能够从整体上识别语篇类型、语篇组织模式、语类结构等；

理解能力：运用语言知识和语境理解语篇的表层与深层意义，推导语篇交际意图；

解释能力：从语言各层次分析文体特征，解释语篇如何产生意义；

构建能力：运用策略或原则选择、组织、产出连贯合适的语篇，参与交际活动；

评价能力：思考、辨析、对比、判断语篇的观点、态度和文化价值观。

第二节　语篇词汇教学

行业英语语篇中除通用词汇外，还使用行业专门术语。行业术语主要有四种表达形式。

第一，普通词汇获得专门意义，这些词汇也叫作准专门术语。例如：

	普通意义	专门意义
tolerance	容忍	容差
rotation	轮流	轮作
offer	提供	报盘
medium	媒介物	培养基
driver	司机	驱动程序
probe	探究	探测仪

第二，由普通词汇组合而成，常用缩略形式。例如：

计算机辅助设计 computer–aided system（CAD）

成组技术 group technology（GT）

数控技术 numerical control（NC）

产品管理系统 product data management（PDM）

第三，由普通词汇组合而成。例如：

forward view 前视镜

head–protecting curtain side air bags 头部保护侧气囊

door crash beam 车门防撞梁

parking aid system 泊车辅助系统

slender wall 细长墙

project drawing 施工图

第四，行业英语中一些术语通过隐喻构成，具有隐喻意义。例如：cell phone（手机），arrowhead（箭头），network（网络），junk mail（垃圾邮件），snail mail（蜗牛邮件），voicemail（语音信箱），firewall（防火墙），topcoat（外涂层），pie chart（饼状图），bar chart（柱状图），website（网址），queen–size bed（大号双人床），king–size bed（特大号双人床），building envelope（建筑物外壳）。

功能语言学家强调词汇在语篇中的衔接功能和评价功能。行业英语语篇中的词汇通常表达客观事物和现象，较少使用表达情感的词汇。语篇中出现的评价词汇主要用于评价事物的作用、功能，如 great design, outstanding power transmission, important technology, effective molded products。采用以语块为中心的教学，包括固定词组、自由搭配词组以及句子框架。语篇中的语块根据功能可分为话题语块、互动语块和语篇语块。这三种类型的语块在行业英语书面语篇和会话语篇的分布不同，书面语篇中出现较多话题语块，如 hand drafting, design cycle, drawing sheet，体现语篇的主题内容，而会话语篇较多运用互动语块和语篇语块，因为会话语篇具有显性的对话性和交际性，如 I'm afraid/sure, you know, it's my pleasure, no problem, in that case。教师应了解书面和口语语篇词汇功能与特征的差异性，并根据这些差异性有针对性地培养学生掌握和运用这些语块，提高听、说、读、写技能。我们针对不同的词汇提出不同的学习要求，即突出通用词汇的学习、了解行业术语。要求掌握单词的音、义、形，并以词义为核心学习词汇。注重词义的认知演变和拓展、词形的构成和变化规律、词汇的搭配与联想。

第三节　语篇语法教学

行业英语书面语篇涉及产品的介绍、设计、生产、管理、检验和安装，说明原理，阐明定义，描述过程，因而在时态方面通常使用一般现在时；语篇说明的重点是客观事实、现象和过程，不涉及有关的人，因而多用被动句，具有非人格化的风格；句型结构复杂，多复合句、完整句，体现科技语篇的特点，即表达现象和过程之间复杂的关系，呈现最大的客观性和信息量。这种抽象理性的关系还体现在语篇中大量使用名词和名词短语，例如 extension of 2D drafting, improvement of quality, rapid development，mass production。这种语篇的句法特点也给学生的阅读理解造成一定的困难，在教学中我们没有采取句子分析和翻译的方法，而是以体现语篇概念意义的话题语块为中心，逐步扩展，引导学生理解整个语篇。在语法教学中，教师往往会罗列规则用法，逐一讲解，学生虽然记住了这些用法，但在实际语境中会出现不恰当或错误地使用，不利于交际能力的培养。从语篇的角度来讲，情态实现人际意义，表达交际者的话语态度，在语篇组织中起着重要作用。情态不仅由 can，may，must，will 等情态动词来实现，还有其他多种表现形式和手段，如形容词 possible、副词 possibly、名词 possibility、动词 be supposed to 以及小句 it is likely that。情态不仅表达交际双方的话语态度，而且体现交际双方的角色关系，如地位、权利、亲疏关系。语言的选择是顺应语境以实现交际意图的过程，如《机电英语》生产管理环节的一段对话，Mr. Hamlin 和公司总裁谈论公司成本节约，他采用 actually，just，I think，to tell the truth，may 等情态表达。Mr. Hamlin 使用低情态值的表达，顺应了他的身份以及总裁之间的上下级关系，同时也表达了他对话语的态度，如用 to tell the truth 肯定这样一个事实，即模具设计中采用 PDM 系统大大提高工作效率和减少设计成本。Mr. Hamlin 运用恰当的情态实现了交际目的，即向上级提出模具生产过程中如何节约成本的建议。如果不运用这些情态表达，则会降低语篇的人际意义，不会取得同样的交际效果。行业英语中的语法虽然都是学生在高中时期学习过的，但学生仍然不知道语法规则以及如何运用。例如在复习"虚拟语气"时，学生对如何使用、为什么使用虚拟语气不甚清楚。我们首先结合具体例句进行规则的发现和归纳，然后解释总结其功能用法。例如在表达建议时用 If I were you，I would...，用 I wish... 结构自由表达自己的愿望，同时指出愿望虽难实现，梦想一定要有。学生先后说出 If I were you，I would have a try. I wish I could fly. I wish I would become a president. I wish I had time to play basketball. 等句子，并且非常踊跃。然后配合学唱歌曲 If I were a boy 更加形象地了解虚拟语气的用法。通过改变教学方式，学生对虚拟语气的用法有了较深的理解。语法教学应避免抽象的规则罗列和讲解，可联系学生实际生活加以体验和运用。

第四节 语篇建构及教学策略

语篇是言语交际的基本单位。高职行业英语教学的目的是培养学生在职业情境下的英语应用能力，这种能力具体体现在学生能够运用语篇进行交际，而不是孤立的词或句子。工作语境中的语篇体现为各种各样的工作任务和言语交际活动，如电话预约、业务信函、会议通知、公司介绍、操作说明等，这些语篇类型有固定的语篇结构和相应的语言表达，在工作语境中实现不同的交际目的。语篇教学不仅关注语篇的微观的词汇语法特征，而且还要关注语篇的宏观结构，如语篇模式、语类结构，让学生了解语篇内部成分之间的关系、结构特征和构成规律。掌握语篇建构策略有助于学生理解语篇整体意义以及有效地运用语篇，有利于构建完整、规范和得体的语篇。

行业英语语篇属于一种语境功能变体，应用于不同行业领域的工作情境中，如经贸、旅游、建筑、机电、汽车、IT 行业等。以机电英语语篇为例，从语域来看，话语范围涵盖机电行业中典型的工作流程和环节，即建立业务关系、市场调研、产品设计、产品生产、产品检验、安装与维修、生产管理与运作、营销和售后服务；话语方式有口语体和书面体，并多使用视觉表达手段，如图表、图片。这种多模态语篇产生直观形象、一目了然和辅助说明的效果，如产品调研报告使用柱形图、饼状图或线形图说明产品销售的高低变化。话语基调涉及机电行业内部人员之间，也可以是行业与非行业人员之间的交流，语篇通常具有说明性。

我们以《新职业英语》行业篇中的语篇为例探讨语篇建构和教学策略。

一、隐喻与行业语篇建构

隐喻认知模式植根于我们的身体和物质经验，因此可以借助隐喻通过具体事物和现象帮助理解相对陌生与抽象的事物和现象。行业英语语篇通常介绍行业知识，而这些行业知识并不为学生所熟悉，如果抽象地介绍和讲解，不利于学生理解和接受。而如果使用隐喻语言，通过形象化的类比，将毫无联系的概念结构联系起来，就能引导和启发学生用具体的事物来理解抽象的概念和原理。例如机电英语中齿轮减速器的介绍。

例 1　A gear is a set of gears, shafts, and bearings that are enclosed in a housing. They are arranged like a solar system, with one or more planet gears orbiting around a sun gear.

这段介绍运用了太阳系的运行原理来构建对齿轮减速器的结构原理的理解，这样有助于学生对齿轮减速器概念的认识和理解。姜大源（2007：218）指出，对以形象思维为主的职业教育对象来说，对符号化的知识应通过非符号化的处理来获取。这种非符号化方式是指情境化教学，即教师在教学中要善于创造学习情境，运用隐喻方式对学生进行引导和启发。隐喻的认知作用不只限于使用隐喻语言，将相似的不同事物联系起来，它还可以将相似的不同场景联系起来。行业英语教学以行业的典型工作场景引领语言知识和技能的学习，因此教学采用情景模拟、角色扮演、仿真教学、任务教学等方式，通过模拟将课堂学习与真实工作场景联系起来。教师应善于运用隐喻这一认知工具设计语言教学活动和情境，探寻语言形式和意义深层的联系与理据，避免抽象规则的罗列和机械记忆，通过激发学生具体体验知识来理解相似和相关的概念,这样有助于样学生在直接感知和体验中理解与建构语言知识。

二、语篇模式建构策略

Hoey(2001)提出语篇互动模式,这些模式是语篇组织的宏观结构,体现了语篇中不同组成成分之间的关系,同时也体现作者和读者之间的互动以及书面语篇的对话性。行业英语语篇中常见的语篇模式有概括—具体、提问—回答模式。

(一)概括—具体模式

概括—具体模式表现为先概括陈述后举例论证,或先整体概括后细节论证。

例2 Gear Reducer—A Great Design

①The gear reducer arrangement is a great engineering design that offers many advantages over traditional gearbox arrangement. ②One advantage is its combination of both compactness and outstanding power transmission efficiencies. ③Another advantage of the gear reducer arrangement is load distribution. ④The gear reducer arrangement also creates greater stability and increased rotational stiffness.

语篇中①是概括齿轮减速器设计的优越性,②、③和④是对其优越性的具体说明与陈述。

(二)提问—回答模式

例3 Shichahai Club

①Do you want to be a real Beijing resident? ②Are you looking for a home-like stay, a place to relax or an opportunity to get to know the traditional lifestyle and culture of Beijing? ③If you do, come to the Shichahai Club in Beijing.

④The Shichahai Club is located in the center of Beijing...

⑤The club provides a unique and comfortable environment for your stay in which you are encouraged to feel at home and where you have a chance to become acquainted with the folk customs of Beijing.

⑥Furthermore, guests may enjoy themselves in the wonderfully romantic courtyard where the noise of the big city beyond the walls disappears.

⑦Shichahai Club's sense of hospitality and their professional travel guides will make your stay in Beijing memorable and comfortable and will help you to discover the true charm of Beijing.

例3是介绍北京什刹海的语篇。语篇开头提出问题①和②，随后语篇的展开主要是寻找对所提问题的令人满意的回答，即游客在什刹海不仅可以体验舒适独特的环境，而且还可以了解北京传统文化。

三、语类建构策略

语类表示人们所从事的各种各样的言语交际活动。这些活动总是有目的有步骤地进行，而不是杂乱无序的，所以语类是指分阶段实现的有目的的取向的社会过程（Martin，2008：6）。目的性是语类的重要特点，也是区分不同语类的最重要的标准。阶段性是指交际活动分步骤有序地展开，实现交际目的的每个阶段或步骤也叫作语步（move），是构成语类的潜在结构。从认知角度分析，语类结构具有体验基础，即由于交际活动在人们的互动体验中反复出现，从而形成稳定和常规的认知结构。这种结构模式可以被交际参与者识别、预测和理解，正因为如此，交际活动才能顺利地有策略地开展并逐步实现交际目的。语类社会性在于言语交际活动并非个人行为，而是涉及交际活动的所有参与者以及整个社会文化环境。语类对语篇建构具有约定俗成的制约力，制约语篇的内容和形式，揭示语篇建构的认知和社会文化理据。

正如各种言语交际活动一样，语类也多种多样，涉及口语和书面形式,如问候、介绍、购物、报告、演讲、辩论、咨询、写信等。语类的交际目的决定了语类结构以及语言形式的选择,例如报告语类关注实体的描述、分类和结构,目的是对现象进行归类和描述,其结构是"分类,描述",而辩论性语类的交际目的是说服读者接受作者的观点,其基本结构是"论点,论据"(Martin, 2008)。我们通过语类参与言语交际,与他人互动,因此在语篇教学中学生掌握语类及其结构模式是有效开展交际活动的重要前提,也是培养语篇能力的重要途径。虽然语类种类繁多,但我们仍可以对其范畴化,如 Martin（2008）从教学、写作角度主要研究故事、历史、报告、解释、程序等宏观语类,Bhatia（2004）从学术和专业语篇的角度区分促销、介绍、报告三种宏观语类。行业英语常见的宏观语类是说明语类,包括介绍、程序和报告语类。

（一）介绍语类

介绍语类（introduction）的主要交际目的是提供信息,即通过介绍和说明让人们了解产品的材质、功能、结构、服务等各方面的信息。行业英语中的介绍语类主要涉及产品介绍、销售和服务,包括机电产品销售、汽车销售、旅游产品销售、旅游景点介绍、通信产品销售、农产品销售、农业观光景点介绍、室内设计装修服务、酒店各类服务介绍等。

介绍语类不仅提供信息,同时也具有促销功能,两者并非截然分开。促销活动是典型的商业活动,现在已经蔓延、影响和渗透到日常生活和各个行业领域。Bhatia（2004：57）指出宏观语类构成语类范畴。语类范畴里面有典型和非典型语篇成员,不同的语篇通过家族相似性,即通过交际目的、结构、语言特征等联系在一起。促销语类（promotional genre）中典型的语篇是广告和商业促销信。其次是求职信、推荐信等,公司宣传册、旅游宣传册、年度报告等则是边缘成员。从促销信和求职信的对比中可以看出,促销语类结构中最重要的阶段或语步是激励购买，因此典型促销语类交际目的是促使人们接纳、认同，从而购买产品和接受服务。求职信的交际目的是促使招聘部门接受求职申请，提供信息是为了推销自己，因此也具有促销性质。促销语类的言语策略是用积极正面的方式描述和评价产品的特点、功能、价值、作用等，这些也是典型的促销语类的语言特点（表10-1）。

表10-1　商业促销信和求职信的语步结构对比（秦秀白，2002：107）

语步	促销信	求职信
1	确立信任	提出或陈述候选身份
2	介绍推销内容	确定任职凭证
3	激励购买	提出足以激励对方接受申请的凭证
3a	介绍产品或服务	
3b	列举产品或服务的重要细节	
3c	指明产品或服务的价值	
4	提及所附材料	附寄有关文件
5	鼓励进一步联系	采取施压策略
6	采取施压策略	索求回音
7	礼貌收尾	礼貌收尾

行业英语中的介绍语类是介绍和促销两种功能相结合的语类。作为未来各行业的销售人员，学生需要了解两种语类的典型的结构和语言特点，了解基本的产品或服务信息，在介绍基本信息的同时激发顾客采取行动。

（二）程序语类

程序语类（procedural genre）是一组教育性语篇类型，广泛应用于日常生活、教育、科技、生产等各语境中，指导读者如何在特定的地点就特定对象从事一系列专门化的活动。这些活动序列在特定的文化中具有工具性或仪式性的特殊功能，要求执行者具有专门知识或指导（Martin，2008：182）。介绍语类说明"是什么"，而程序语类说明"怎么做"。有些程序可以只是动作演示，即操作每一步骤给学习者看，但通常情况下会伴有口头或书面指示，这样有利于学习者理解和掌握。程序语类在日常生活中最常见的是烹饪制作，其基本结构为：原料（ingredient）、方法步骤（method），其中的方法步骤往往又包括若干个小段。其次是产品使用说明等操作程序语类，其结构是：目的（purpose）、设备材料（equipment & material）、方法步骤（method）。程序语类可以分为简单和复杂两类。日常程序语类较为简单，而操作程序语类较为复杂，尤其是涉及专门知识、技术或步骤较为复杂的操作活动，如需要多人合作完成的操作、材料生产的检测程序、调研程序等。

行业英语中常见的程序语类有日常程序和操作程序语类。

日常程序：游客接待说明、旅游指南、旅游日程安排、会议议程安排

操作程序：产品、机器设备的安装、维修、检测过程

程序语类结构中的步骤说明常采用的方法有以下形式。

1. 标注 step1、step2 等

例4　Home Decoration：How to Hang Wallpaper

Step1 Prepare the area

Step2 Measure and cut the wallpaper

Step3 Immerse the wall paper in water to active the adhesive

Step4 Lightly mark the wall

Step5 Hang the first piece

Step6 Smooth out the wallpaper

Step7 Trim the edges

Step8 Press the seams together

2. 标注数字或项目符号

例5　Routine Maintenance for the Vehicle

Routine maintenance is designed to help car owners maintain his/her vehicle for safety, economy, long life and peak performance...

Every 1500 km or monthly

- Check lock, hinge and latch mechanisms
- Check seat belts
- Check breaks
- Check for fluid leakage and engine electrical system security
- Check battery electrolyte level
- Check air conditioning system
- Check and lubricate fuel system control linkage
- Check operation of lights, direction and indicators or horns

3. 采用表格列出步骤

例 6　Itinerary

Eight days' tour – Kunming, Dali and Lijiang

Dates	Destination	Activities & Hotels
June 2, 2011	Kunming	Fly to Kunming. Empark Grand Hotel (5 – star)
June 2, 2011	Kunming Dali	Visit Three Pagodas of Chongsheng Temple; Then go to Dali Ancient City, and visit magnificent towers, winding lanes and historical monuments there. Regent Hotel (5 – star)

4. 文字说明

例如用 first, next, then, after that, finally, the last step, 等。

例 7　Cleaning the Lathe

If a lathe is dirty or has not been in use for some time, its guide rails and spindles may need to be cleaned thoroughly.

Remove the covers from the X and Y guide rails and spindles. Spray plenty of anti – corrosion onto the spindles and guide shafts and let the solution sink in so that the old grease and oil residue can be eliminated.

Dried bits of dirt and oil grease can then be removed using cleaning paper and/or a toothbrush...

5. 配图片、照片等

文本语篇配有图片、照片说明操作步骤、标注机器设备安装所使用的工具。

此外，程序语类常结合另外一种语类，即规约语类（protocol）。规约语类与程序语类不同，它不是指导人们如何执行活动，而是对人们的活动进行限制和约束。它被用于产品操作中说明被禁止的操作和用来制定各种准则、条例或法律法规。

例8 Mounting the Lathe to a Board

Mounting the lathe to a board is necessary to a board is necessary because of the narrow base. This keeps the machine from tipping. We recommend mounting the lathe on a piece of pre – finished shelf material, which is available at most hardware stores. The machines can be secured to the board using screws of a certain specification of washers and nuts.

REMEMBER: DO NOT LIFT YOUR MACHINE BY THE MOTOR! Carry the machine by lifting under the base or by the mounting board.

四、意象图式建构策略

意象图式（image schema）是在我们感知互动和运动程序中一种反复出现的、动态的模式，可为我们的经验提供连贯性和结构性（Johnson，1987：xiv）。由此可见，意象图式不同于命题图式。命题图式表明概念之间的关系，是一种知识网络结构，而意象图式来自我们的身体体验,尤其是感觉、运动和空间体验,所以也称作动觉或空间图式。基本的意象图式包括容器、路径、连接、力量、平衡、上下、前后、部分—整体、中心—边缘等。意象图式具有互动性、体验性、概括性、抽象性和基础性的特点。意象图式的认知功能是用来组织经验的,使经验具有结构性、连贯性和有序性。这种经验包括感知、运动、情感、社会以及语言体验。各种经验都可以通过直接或推理来理解,从而变得有意义。如以上—下图式理解社会等级结构,以连接图式理解社会关系,以容器图式理解情感状态。因此意义、理解和推理都具有体验基础。我们身体本身可以被视为一个空间,并以此感知外部空间。我们根据意象图式形成空间概念,并在此基础上通过隐喻认知方式理解和形成较为复杂的概念,这也反映了认识是从空间到其他、从具体到抽象、从简单到复杂的发展过程。意象图式是一种由相互联系的组成部分构成的完形结构,以此赋予完形结构经验,这在语言的各个层面都有体现,包括词汇、句法和语篇。旅游英语的主要语篇类型是介绍自然和人文景观。旅游景观体现空间结构,因此我们根据空间体验和意象图式建构旅游英语语篇。

(一) 整体—部分图式

认知体验:人本身以及其他物体是由部分组成的整体。部分存在于整体之中,整体具有完形结构,因而认知上更为突出。

构成要素:整体、部分、构造。

例9 从整体上介绍兵马俑姿态各异,然后介绍军官和士兵的区别,以及士兵的头发和铠甲。

例9 <u>All the clay warriors</u> in the three pits held real weapons in their hands and face east, showing Emperor Qin Shihuang's determination to wipe out the six states and unify the country. <u>All the figures</u> are unique, varying in expression, cloths, color, posture and hair style. <u>Some are standing, some kneeling</u>. <u>Officers and soldiers</u> can be distinguished from their clothing and whether they were wearing a hat—only the officers wear hats! However, the soldiers' long hair is tied up in a top knot so they often look as if they were wearing hats. The soldiers' armor is larger, covering more of the body than that of officers. (The Terracotta Warriors and Horses)

整体—部分图式可以用来理解范畴等级结构,即上位范畴—基本范畴—下属范畴,因而可以构建概括—分类语篇。例如,例10介绍纳西族妇女的服饰特点,从长裤、宽袖布袍、百褶长裙、羊皮披肩到背上的篮子。

例10 The Naxi also have their own distinctive style of clothing. The women usually wear long pants, a loose wide sleeved gown buttoned on the right shoulder and embroidered with flowers on the sleeves and a pleated apron. Colors are typically blue, black and white. Over their shoulders they wear a sheepskin cape patterned with seven discs to represent stars. (Naxi Ethnic and Dongba Language)

(二) 外部—内部图式

认知体验:人的身体被视为一个三维的容器,有里外之分。外部容易被感知和观察,因而认知上更为突出。

构成要素:里、外、边界。

例11 先介绍紫禁城四周的城墙、护城河和瞭望台,然后再介绍宫殿里面的外朝和内廷以及御花园。

例11 However, the massive 10 - meter high walls and 52 - meter wide moat show the majesty and immense size of the complex. At each corner of the outer wall there is a large but pretty watchtower. Inside, the palace is divided into two parts: the Outer Court and the Inner Palace. The first three halls comprise the Outer Court where the emperor would conduct grand ceremonies and receive his courtiers. The Inner Palace was the living quarters of the imperial family. At the rear of the Inner Palace is the Imperial Garden, although at one time this would have been only one of many gardens available for the enjoyment of the emperor. (The Forbidden City)

（三）中心—边缘图式

认知体验：身体具有中心（如心脏）和边缘（如手指）。由于心脏对于生命至关重要，因而在认知上中心是重要的，边缘是不重要的，边缘依赖中心而存在。

构成要素：实体、边缘。

例 12 重点介绍自古以来作为商贸中心的丽江古城，然后介绍玉龙山和四周的风景。

例 12 Since the Qing Dynasty, Lijiang has continued its role as a trade center for goods coming in and out of Tibet...

The ancient town of Lijiang is a beautiful and unique town in the shadow of Yulong Mountain, an all year – round snow – capped mountain. The surrounding countryside is home to many of the most beautiful scenic sites in northwest Yunnan and the area is renowned for its profusion of wild flowers. (The Old Town of Lijiang)

（四）起点—路径—目标图式

认知体验：人或物体从一个地点移到另一地点时，一定有起点、终点和路径。

构成要素：起点、终点、路径、方向。

例 13 从导游在机场接待游客开始，在去北京饭店的路上介绍路过的北京著名的景点，然后到达目的地。

例 13 Ladies and gentlemen, welcome to China...

Now, we are on our way to your hotel, the famous Beijing Hotel...

Ladies and gentlemen, please look at the right – hand windows. You will have a good view of the Olympic Park with the famous Bird's Nest stadium and the Water Cube.

Well, now we arrive at the hotel. Please remember to bring everything with you.

(On the Way to the Hotel)

(五) 上—下图式

认知体验：物体数量的增加为上，反之则为下。

构成要素：上、下、方向。

例如，以下主题为描述图表的语篇描述的语篇运用上升、下降的词汇表示数量的增加和减少。相反，用数量增加、减少来表示向上和向下的趋势。

例 14 It can be clearly seen from 1950 to 1990 the percentage of women smokers in Asia kept <u>increasing</u>, while in Europe it first <u>rose</u> and then <u>fell</u>.

In the 1950s the percentages of women smokers in Asia and Europe were about the same. From then on, women smokers of both continents began to <u>rise</u>, but the rate of <u>increase</u> in Europe was much bigger than that in Asia. In the 20 years from 1950 to 1970, women smokers of Europe continent doubled from 7% to 14%, while in Asia, there was only a small <u>rise</u>.

However, since the 1970s, things have changed dramatically. In the following twenty years, the percentage of women smokes in Asia never <u>stopped growing</u>, while in Europe it <u>dropped</u>.

(六) 背景—图形图式

认知体验：有完整形状、结构或动态的物体具有凸显性，更容易被感知、识别，成为注意的焦点，此时其他或静态的事物则视为背景。

构成要素：背景、图形。

例 15 中拙政园的岩石、水、亭子、桥构成背景，最吸引人的建筑物是远香堂，因夏天花香四溢而闻名。

例 15　As with many other private Chinese gardens, the main elements was water, rocks, trees and pavilions, three – fifths of the Humble Administrator's Garden is taken up by water forming the key feature of this garden. The builder tried to create a landscape that would include as many beautiful types of scenery as possible in the limited space. The well arranged rockeries, bridges, ponds and pavilions aim to give people the feeling that they live in a harmonious man – made natural environment. <u>The most appealing building is the Hall of Distance Fragrance.</u> In summer, the fragrance of flowers pervades the hall and spreads around the garden, so earning its name. (The Humble Administrator's Garden)

此外还有从空间到时间的建构策略，即通常先介绍景点的空间位置，然后介绍景点的历史。例如：

例 16　Currently the capital of Shangxi Province, Xi'an is built on the site of one of the Four Great Ancient Capitals of China. One of the oldest cities in China, Xi'an, or Chang'an as it used to be known, was a capital for over 1000years. The legendary Zhou Dynasty was the first to build its capital near to the site of the present – day city in 1000BC. (An Ancient Capital—Xi'an)

五、语篇结构教学策略

各种语篇类型体现工作语境中多样的实践活动。学生要学习和掌握典型语篇的建构策略，以便能够在未来的工作中运用语篇有效参与实践活动。

1. 高等职业教育培养的是生产、服务和管理第一线的高素质、高技能人才，因此教师首先应了解各行业生产、服务和管理领域中常见与常用的语篇类型，并根据高职学生的未来职业岗位选择各行业工作语境中典型的语篇开展教学,如介绍、程序等说明类语篇。

2. 教师应提供丰富的语篇语料让学生接触、对比、分析,了解这些语篇类型的模式、结构和语言特点,培养学生的语篇意识和语篇分析能力。教师根据语篇建构策略采取不同教学策略,如利用空间体验进行旅游景点语篇教学,利用设备、工具进行操作演示程序类语篇教学,将抽象的语言符号变为具体可见的行动,因为这类语篇体现的是一种行动中的语言,这些策略也符合我们提出的行动体验教学观。

3. 教师根据高职学生的实际语言知识和能力、不同专业、行业特点对不同语篇提出不同的语言能力要求,如对旅游、酒店管理专业的学生提出较高要求,而对建筑、机电专业的学生提出一般要求。同时结合任务进行语篇的听、说、读、写教学,学生通过语篇完成任务。在听力、阅读教学中,学生通过语篇模式和结构预测语篇的展开、理解语篇的整体意义。虽然我们主要研究书面语篇的建构策略,但这些策略可以应用在口语教学中。教师可以对书面语篇进行调整和改变,如产品介绍、机器安装、景点介绍等,实现语篇从输入到输出的转换。在写作教学中,教师引导学生利用语篇结构和语言特点建构语篇,如业务信函、求职信、通知等。

4. 实施语篇实践教学不应只局限于课堂模拟环境,还可以拓展语篇使用的环境,如校内实训中心、校外实训基地等。

第五节 语篇任务型教学

职业教育学家主张打破原有的以事实、概念、原理等静态知识为主的学科体系,提出行动导向和工作过程导向的职业教育课程开发理念。行动既包括个体的主观意识行动,又包括个体的客观具体行动,即要实现动作行动与心智行动的整合。这一整合使学习过程依照职业的工作过程展开，以便获得完整的职业行动能力（姜大源，2007：22）。语言教学所倡导的"做"是指语言的实际运用或运用语言做事和完成任务，而其他专业课程的实践教学更强调具体的实际操作，涉及可操作的物体，如机器、材料或工具。运用语言的过程是学习者积极参与和体验的过程。

行业英语语篇体现典型的工作环节，每个环节都是一个工作任务，这些任务又可分解成"微任务"。任务型教学以交际任务为核心计划组织教学，其基本理念是用语言做事，学生在完成任务的过程中学习和运用语言，培养和提高语言交际能力。任务型教学重视语言学习的意义、互动、过程、真实、体验和应用，其核心思想是学习者在完成各种任务的过程中使用语言。语言使用的基本单位是语篇。McCarthy（1994：1）提出"语言即语篇"的语言观，即人们使用语言的过程就是产生和理解语篇的过程。这样学习者完成任务的过程也是使用语篇的过程。语篇教学的目的是使学生掌握语篇策略，发展语篇能力。学生只有通过任务使用语篇才能掌握语篇策略。语篇策略是语言使用者在构建语篇的各个层面所做出的选择，包括语类、语法、词汇以及语用策略。学生在使用语篇的过程中了解和掌握语篇策略。从语言使用方式来看，语言可分为口语和书面语两大类别，而且各有显著特征。首先教师应了解这种区别，如现实生活的会话语篇在邻近对、交换结构、话轮交替、话题、会话结构等方面的特点和模式。其次通过设计任务，如打电话、采访调查等培养和提高学生的互动与会话能力。典型的交换结构是引发—回应—反馈，教师可以参照真实的语料选择、改进和评价教学材料，让学生接触较为真实的输入材料。我们针对高职学生的认知能力提出不同的任务要求和任务类型。个体能力的高低表现为对知识、技能掌握的程度，可分为四级，1. 再现：记忆复制能力；2. 重组：分析归纳能力；3. 迁移：转化应用能力；4. 创造：解决问题能力（姜大源，2007：240）。任务型教学主张以意义为中心的教学，但也强调语言形式教学，两者应有效结合，尤其在语言学习的初级阶段。语言形式教学相当于词汇语法练习，以语言知识的记忆再现为主，语言交际意义教学则突出语境中的语言运用和实现交际目的，体现解决现实问题的能力，如约见客户、介绍公司。两种类型的任务不是截然分开的，而是构成连续体。高职学生的英语基础普遍较为薄弱，因而在教学中应兼顾两种任务，遵循渐进性和差异性的原则，从语言知识记忆模仿逐步发展到创造能力的形成。

第六节 语篇写作教学

　　高职学生通过语篇写作参与日常交际、职场交际、商务交际等社会活动。高职英语写作主要是应用文写作，分为三类：日常应用文，如个人信件、通知、便条、请假条、海报、贺卡、名片、电子邮件等；职场应用文，如招聘广告、求职信、辞职信、简历等；商务应用文是主要以产品为核心的信件写作，如产品展销、邀请信、介绍公司和产品、产品销售、产品购买、产品装运、投诉信等。这三类应用文写作的内容由熟悉到相对陌生，文体风格由非正式到正式。这些差异是语境的不同所造成的，例如人物关系的熟悉和陌生。教师应引导学生关注这些差异。语篇具有对话性，因此写作并不是作者纯粹的个人思想表达，而是要在写作过程中始终考虑语篇的接受者，虽然语篇接受者不在现场。如同面对面交际一样，作者应考虑双方的角色、地位、关系等语境因素，选择恰当的语言表达方式。我们把这三类写作安排在不同学期。第一学期开展日常交际写作，提倡写作的真实性和直接体验性，即写作内容体现学生的日常生活学习情景。第二学期开展职场和商务写作，并将高等学校英语应用能力A级考试的写作纳入教学计划，主要通过仿写、情景模拟等方式，注重间接体验性。

　　应用文写作遵循的原则可概括为5C，即清楚（clarity）、正确

(correctness)、简洁(conciseness)、完整(completeness)、礼貌(courtesy)。其中最基本的是语篇的完整性。应用文写作要求遵循一定的格式,无论是内容表达还是格式都要求完整。我们采用整体写作方法开展应用文写作。整体写作法融合了读、听、写、说语言技能,注重技能的整合和写作的过程。写作过程包括讨论、构思、写作、评价、修改、展示等步骤。

读:阅读范文,了解写作内容。

听:分析范文的格式,了解写作风格,如正式和非正式,口语和书面体。学习常用的语言表达和句型结构。

写:分析要求写作的内容以及要表达的信息,根据格式进行套写,遵循写作的5C原则,切忌逐句翻译。

说:学生对写作内容进行讨论、评价和修改。

虽然写作的信息相同,但可以用不同的语言表达,因此在展示作品时可以进行比较,这样不仅可以拓宽学生写作思维,而且起到示范和激励的作用。

第七节 语篇文化教学

文化是一个纷繁复杂的体系,包括信仰价值、道德规范、风俗习惯、衣食住行等等。语言属于文化范畴,既负载着文化内容,也是文化的传播媒介。语言和文化相互依存、不可分割的关系决定了语言教学过程同时也是文化教学过程。教学实践中文化既不能与语言教学相分离,也不是语言教学的附加部分,两者应融为一体,贯穿和体现语言文化教学的融合观(顾嘉祖,2002:154)。

语篇蕴含丰富的文化内涵,语篇作者往往通过语言选择和使用反映他们的信念与价值观。语篇教学是语境教学,必然涉及文化语境。Mc-

Carthy（1994：135）提出，使用和分析文学作品来了解语篇中的文化价值观和意识形态，从而更好地了解语言的本质和功能。因为文学作品是语言使用的实例，而且反映的是真实社会语境中具有真实交际目的的语言使用情况。口语语篇遵循会话原则和礼貌原则等语用原则，这些语用原则也是社会文化语境中的交际规范。书面语篇中常见的语篇组织模式如问题—解决模式、提问—回答模式、概括—具体模式等反映了英语文化中的修辞规约。在语篇交际中，人们根据语篇模式建构和理解语篇，实现特定交际目的。语类反映了特定社会文化环境中人们的交际活动类型。功能语言学将语类定义为复现的意义构型，这些意义构型体现特定文化中的社会实践。语类被定位在文化语境层（Martin，2008：16）。Martin提出"意识形态→语类→语域"的语境层次模式，认为语类体现意识形态，而自身又由语域体现。文化中存在各种具体的语篇类型，这些语篇类型根据其内部规律和特点组成语类范畴或语类家族，能为该文化内的成员所识别和运用。研究各文化中的语类范畴为研究文化提供了新的路径。

　　语篇教学是实现语言和文化教学有效结合的途径。文化教学的目的并不是要让学习者归化于目的语文化，也不是两种文化的简单累加，而是要让母语文化和外语文化形成互动（顾嘉祖，2002：157）。那么如何通过语篇实现文化互动？第一，文化教学可以在语篇的各个层次进行，包括词汇、句法、语篇结构等。例如，教师通过语篇分析让学生了解英语语篇模式和语类结构，这样学生可以根据这些模式和结构特点建构与理解语篇。行业语篇体现以产品为核心的设计、生产、检测、维修、销售过程，让学生了解行业语篇中蕴含的文化价值观，如创新发展、竞争合作等。第二，教师在教学中可以进行英汉语篇对比，了解两种语言中语篇结构和语言特征的异同。书面语篇包括信函、通知等，口语语篇包括通用英语阶段所学的问候、请求、邀请、建议、赞美等日常会话。这些言语行为可以用多种语言形式表达，并且有不同的回应方式，选择哪种形式要根据语境。第三，结合网络资源和时事话题让学生分析语篇中的评价含义。第四，让学生通过语篇介绍中国文化，让世界上更多的人了解中国。

第八节　小结

语篇是语言使用的基本单位。语篇教学是一种语境教学，体现语言形式、意义和功能的结合。高职行业英语语篇体现工作语境中的各种交际活动。语类和意象图式是常见的语篇建构策略。高职行业英语语篇教学根据行业英语语篇的词汇、句法和语篇结构特点，倡导以任务为载体，学生在完成任务中学会运用语篇实现交际目的。通过语篇建构策略让学生了解行业语篇内部结构特点、语篇建构和展开规律以及英汉语篇建构的异同，培养学生分析、理解、建构和运用语篇的能力。

参考文献

［1］BHATIA V. K. World of Written Discourse［M］. Shang Hai Foregn Lnguage Eduaction Press，2004.

［2］CHOMSKY N. Aspects of the Theory of Syntax［M］. Cambridge，Mass：MIT Press，1965.

［3］CANALE M. From Communicative Competence to Communicative Language Pedagogy［A］//RICHARDS J C，SCHMIDT R. Language and Communication［C］. London：Longman，1983：2-27.

［4］HYMES D. On Communicative Competence［A］//PRIDE J，HOLMES J. Sociolinguistics. Harmondsworth：Penguin，1971：269-93.

［5］HOEY M. Textual Interaction［M］. London：Routledge，2001.

[6] JOHNSON M. The Body in the Mind: the Bodily Basis of Meaning, Imagination, and Reason [M]. Chicago: University of Chicago Press, 1987.

[7] MARTIN J R, ROSE D. Genre Relations: Mapping Culture [M]. BeiJing: Foreign Language Teaching and Research Press, 2008.

[8] MCCARTHY M, CARTER R. Language as Discourse: Perspectives for Language Teaching [M]. Beijing: Peking University Press. 2004.

[9] 姜大源. 职业教育学研究新论 [M]. 北京: 教育科学出版社, 2007.

[10] 秦秀白. 英语语体和文体要略 [M]. 上海: 上海外语教育出版社, 2002: 107.

[11] 胡曙中. 英语语篇语言学研究 [M]. 上海: 上海外语教育出版社, 2005: 10.

[12] 顾嘉祖. 语言与文化 [M]. 上海: 上海外语教育出版社, 2002: 154.

第十一章

高职英语阅读教学策略

阅读是获取信息的重要手段，提高学生的阅读理解能力是高职英语教学的重要目标。心理语言学和认知心理学等研究表明，阅读是一种复杂的、主动思维的心理活动，是读者根据已有的知识、经验有意识地运用阅读策略，有效地理解和解释语篇意义的认知过程。阅读教学以意义为核心，因此，了解意义理解和形成的过程成为阅读教学的焦点。

第一节 阅读模式

阅读活动的开展与阅读目的有关。Grabe 和 Stoller（2005：13）将阅读目的分为寻读、一般性阅读、阅读学习和阅读评价。不同的阅读目的运用不同的阅读策略，涉及不同的认知活动，但不管运用哪种方式阅读，阅读都是理解和解释意义的认知活动。20 世纪 60 年代后，心理语言学和认知心理学的发展推动了阅读研究，研究者提出的一系列阅读模式对阅读教学产生了很大的影响，其中影响较大的有自下而上模式（bottom - up model）、自上而下模式（top - down model）、交互模式（interactive model）以及图式理论（schema theory）。这些模式都聚焦阅读理解的认知过程，即读者是如何获得语篇意义的。

一、自下而上模式

自下而上模式是读者首先注意到文字，对字母加以辨认，然后获取词语、句子以及语篇意义。根据这种模式，阅读的整个过程是一个词语解码的过程，即对单个的语言单位，如字母、单词进行解码，从最小的单位到最大的单位构建语篇意义。语言信息沿着线性序列传递，即字母–单词–词组–短句–句子–段落–语篇。由于这种模式强调信息从低级向高级转换，每一个层次的加工完成后才能开始下一个层次，所以当低层次的词义理解出现障碍时就必然影响高一层次的语篇理解。

二、自上而下模式

自上而下模式也称概念驱动的信息加工过程，是读者从背景知识出发，如社会文化知识，有关阅读材料话题的知识，篇章组织结构知识，对文章进行预测和假设，然后依据语篇信息对预测或假设进行验证。运用这一模式，文化背景知识尤为重要，阅读之前背景知识的激活可以促进对文章的理解。

三、互动模式和图式理论

互动模式认为阅读理解不是单向的信息加工，而是语篇信息与读者已有知识结构相互作用的过程。阅读被看作读者和语篇交流的过程，涉及假设、推理、验证等认知活动。阅读过程中读者根据语篇信息激活一系列知识加以理解，这种知识又会由于语篇的新信息而不断得到扩展。与此模式紧密相关的是图式理论。图式理论结合自上而下和自下而上信息处理方式，这两种方式通常在理解过程中的各个层次同时发生。图式是知识、情景和经验的认知表征，具有结构性、抽象性、动态性和相互关联性。和图式相类似的术语有框架、脚本、认知模型、认知语境、百科知识等。Cook（1994：20）将图式分为三种：语言图式、文本图式和世界图式。语言图式是指语音、词汇、语法等语言知识，世界图式包括各类知识，如常识、特定的知识以及社会文化知识。文本图式与语篇组织结构知识有关，即语篇类型、修辞结构、话语结构等。由此可见，图式知识既有语言知识也有非语言知识。人们在理解新事物的时候，需要将新事物与已知的概念、过去的经历联系起来。图式可用于预测语篇的内容，有助于对新信息的理解和解释。因此有效的阅读理解要求读者具有将阅读材料与图式知识联系起来的能力。

第二节 阅读教学策略

根据阅读的互动模式，阅读是认知图式和语言信息双向互动的连续过程。阅读教学应将语言形式、意义和功能三者结合以获得完整意义的理解与交流。我们提出阅读的"3S"策略，即文体（style）、图式（schema）和技巧（skill）。

一、文体和阅读教学

英语教学强调阅读，除了阅读在语言输入中的重要作用外，阅读能促进语言知识的掌握和语言应用能力的提高。没有大量的"可理解输入"，何谈语言输出，语言应用能力也就成了无本之木，无源之水。教学大纲、教材编写、课程设置、各类英语考试中阅读所占的比例都说明了阅读的重要性。阅读虽然是英语教学中的重要内容，但其"质"与"量"都有待提高。笔者在教学中发现，即使给学生提供机会来说，学生往往也觉得无话可说或是说的内容贫乏，而且思维缺乏逻辑性。一般的阅读教学基本上都是围绕词汇的用法讲解，句子的结构分析，甚至逐句翻译展开的，这种教学方式仅仅停留在语言的表层和阅读理解上，学生通过老师的讲解和翻译似乎弄明白了文章的大意，却不知道作者的写作意图和写作方式。

文体是语言使用的一种方式，任何类型的语篇都有特定的文体特征（秦秀白，2001：12）。文体教学包括语言特征分析和语篇分析，旨在分析、了解和阐释语篇的写作方式与意图。语言特征分析是分析不同的语言功能变体，如书面语和口语体、正式和非正式语体、不同类型和体裁语篇之间的语言特征，着眼于语言运用和言语交际的合适性、得体性。语篇分析是以语篇为基本单位，立足于语篇整体对课文进行分析、理解和概括，目的在于解释作者如何建构各种连贯的语篇，着眼于文章的整体连贯性。因此教学着眼点在"篇"而不在"句"，在文章的"意"而不在"语言点"。阅读教学应重视文本图式在语篇理解中的作用，从分析主题大意、语篇结构和段落衔接入手，引导学生着重对整篇文章的层次结构、逻辑关系、作者的创作意图、立场观点进行分析。同时教师应根据阅读文章的体裁，因势利导，例如阅读记叙文和描写文时，应引导学生关注故事发展的顺序、人物关系等，同时体会作者的语气和态度。对于议论文或说明文，则要引导学生注意文章的谋篇布局及论点的展开和论证，领会作者如何论述某一观点，以及语篇的衔接和连贯。衔接是语篇形成连贯整体的重要手段。所以在教学中，教师应将其作为重要内容，结合具体语篇进行分析。Halliday（1994）将衔接形式分为照应、省略和连接等语法手段及重复、同义、上下文、泛指词和搭配等词汇手段。

例1 It all began with a paper route in Ankeny, IA. With a little dollars from my paper route, a small nest egg began to develop. My next job was with a company as a telephone customer service representative. The saving account continued to grow slowly. Then, the fall of my junior year of high school, I began to be a waitress at Denny's restaurant. It was hard work, but the money began to roll in and this job paid twice as much money per hour. (《简明实用英语》第一册 Unit Two)

这段叙述的衔接手段有：begin with—next job—then，这三个表达式按时间顺序讲述三份不同的工作。develop—grow—roll in 是同义词衔接，并且语义加强。作者通过语义重复表明该语义是语篇所要传递的主要信息。整个语篇围绕这一重要信息展开，借助词汇衔接、连接手段，各句不仅衔接紧密，而且意义连贯。语篇模式也体现衔接与连贯。例如：

例2 A year's study has taught me that we cannot learn English well without watching out for idiomatic ways of saying things.

All this makes me see that besides a good training in pronunciation, spelling, hand writing and basic grammar, one has to pay close attention to English idioms in order to learn the language faster and use it better. (《简明实用英语》第一册 Unit One)

这段是主张—反应模式。主题句提出观点，中间举例阐明观点，结尾句加强观点。同时整个段落也通过同义词衔接遥相呼应，如 watching out for—pay close attention to, idiomatic ways of saying things—English idioms，从而突出段落的主题：The author emphasizes that learning English idioms is necessary。

二、图式和阅读教学

在阅读中如果单词识别不能形成自动化，会降低阅读速度和效率。Grabe 和 Stoller（2005：25）指出，激活的信息如果不迅速进行加工，会很快从短时记忆中消失，然后必须重新激活，从而降低阅读效率，因此快速自动地词汇识别是流利阅读能力的重要组成成分。另外，在阅读教学中，教师应意识到词汇是阅读中的重要因素，要加强词汇教学，扩大学生的词汇量，这也是阅读教学的重要目的之一。对文章中出现的重要词汇进行口头和书面练习，分析其用法，尤其一词多义以及与之有关的词组、搭配，尽可能多地归纳和联想相关的近义词、反义词和派生词。鼓励学生多查、勤查词典，丰富学生的心理词典，注重语言知识的积累。设计各种练习形式，帮助学生提高自动识别词汇的能力。依靠上下文对单词进行词义猜测是一种阅读技巧，但是往往比词义自动解码更耗时间，而且根据不完全或错误的概念对意义进行错误猜测，这样会给阅读带来困难。快速而又精确的单词识别技能有助于快速有效地建构作者所要传达的意义。

阅读不是被动地接收和理解信息，而是复杂的认知心理过程。阅读过程中，学生应借助图式知识，对文章的主题、体裁、结构进行预测。在课堂中，教师要开展读前活动，激发学生阅读动机，激活并提供必要的背景知识。阅读的本质是读者积极参与并与作者互动交流的过程。已有图式接受、理解和吸收新信息是图式化过程，即同化和顺应过程。当新信息相同或相似时，已有图式同化新信息。当新信息完全不同时，已有图式不能同化新信息，就需要调整或修正已有图式，适应新信息。Sperber 和 Wilson（2001）认为，话语的理解就是寻找关联的过程，寻找关联是指新信息在语境假设中产生语境效果。产生语境效果就是语境假设同化和顺应新信息的过程。新信息和语境假设之间有三种关系会产生语境效果。第一，新信息和现有语境假设相结合，产生新的语境含义；第二，新信息加强现有语境假设；第三，新信息与现有语境假设互相矛盾，并排除现有语境假设。这里的语境假设就是图式知识。图式知识在语篇理解中的作用如下。

（一）理解语篇意义

不同的语篇因受其民族独特的历史、文化、思维、习俗、信仰、价值观念、社会规范等的影响，对事物的概括也是不同的，往往具有其自身独特的印证。这时就需要读者竭力运用语言、内容、文化背景等方面的知识，即头脑中的各种图式诠释作者的意图。阅读过程中，如果图式知识缺乏或不足会引起理解障碍，从而无法达到有效地交流。这时需提供和补充必要的背景知识来理解文章。例如，读到一些载有文化内涵的成语、谚语、典故、人名、地名时，如果头脑中没有与此相关的图式，将很难理解它们在语篇中的意义。

例3　He（Einstein）was beyond any pretension. Although he corresponded with many of the world's most important people, his stationery carried only a watermark— W—for Woolworth's.（大学英语第二册）

学生读到这里时，不知作者为何提到他的文具上的水印。当了解到Woolworth是美国一家连锁商店，以出售廉价商品而闻名，借助这一知识，明白作者在此强调爱因斯坦是一个不慕虚荣的人。

（二）引发认知推理

如阅读大学英语第四课 My First Job 最后一段：

例4　This was the last straw. I was very young; the prospect of working under a woman constituted the ultimate indignity.

当问及作者是否接受了这份工作，很多学生不知道结果，就是因为不了解 the last straw 的含义。这里不是最后一根稻草的意思，而是取自谚语 It's the last straw that breaks the camel's back，引申为无法忍受之事。由此可以推出作者最终没有接受这份工作，尽管他很需要它。

（三）预测语篇内容

教师指导学生阅读前通过文章的标题、主题句等预测文章的内容。例如，在阅读"Save Money for College on My Own"（《简明实用英语》第一册）之前，首先让学生根据标题谈论赚钱上大学的方法，例如做兼职工作、申请奖学金等，同时教师提供相应的表达式，还可运用图式预测语篇的内容框架。例如，阅读"The History of Thanksgiving Day"时，首先激活学生关于介绍节日的框架，如如何介绍春节，包括节日的时间、起源、传统食物、庆祝活动、节日祝福语、节日的意义等。然后在这一图式框架中不断填充有关感恩节的信息,使框架更加具体和详细,并加强已有的图式。同时还可以进行两个节日的对比。中西两个节日虽然具体的内容不同,但是具有相似的图式框架,这样有助于整体理解和构建语篇。

(四)重构语篇意义

读者根据语言表达激活的已有图式知识有助于新信息的理解,但当已有的图式知识不完整甚至是错误的,或者已有图式和新信息产生矛盾,就会阻碍新信息的理解,这时就需要根据新信息的展开进行调整、修正和更新,形成新的图式,再进一步理解新信息。读者就是在这种互动中不断推进对语篇意义的理解,直至完成整个阅读活动。

1. 有时已有的常规图式知识会阻碍语篇的理解。例如:

例5 We walked in so quietly that the nurse at the desk didn't even lift her eyes from the book. Mum pointed at a big chair by the door and I knew she wanted me to sit down. When I watched, mouth open in surprise, Mum took off her hat and coat and gave them to me to hold. She walked quietly to the small room by the lift and took out wet mop. (《简明实用英语》第一册)

读到这里有学生认为妈妈来到医院是要去打扫卫生,这是因为took out wet mop 这一行为激活的是打扫卫生的图式,从而导致理解上的偏离。读到故事的结尾可以得知妈妈实际上是去看望病人,这就需要根据语篇的展开不断调整、修正或更新图式,重构语篇的意义,形成新的图式,用以继续理解新信息。

2. 当激活错误的图式知识时,需要根据新信息进行修正,即新信息否定和排除已有的图式,重新构建图式。例如:

例6 Everyone knows the small insects called mosquito. It is possible to find mosquitoes in almost every part of the world except in the places where it is extremely cold or where it is very dry. During the summer, it is almost certain that you can find many mosquitoes near swamps, ponds, and lakes. (《简明实用英语》第一册)

当学生看完后认为所有的蚊子都喜欢吸血，而不是喜欢潮湿的地方。这一判断是根据已有的关于蚊子的经验图式，而不是根据文章的信息，而且文章后面提到 It is interesting to note that only the female will bite for blood。

3. 由于文化差异引发的图式差异，需要提供背景知识进行调整，重新构建图式。例如：

例7 By the time my senior year arrived, I had saved a considerable amount of money. This was encouraging, but I knew that I would also need some help, so I began applying for scholarships. (《简明实用英语》第一册)

当问到作者什么时候申请奖学金，学生认为是在大学时，而文章的 senior year 是指高中三年级。学生激活的申请奖学金的图式知识是中国大学生通常是在进入大学之后才能申请奖学金，而不是在高中阶段。

三、阅读技巧

掌握一定的阅读技巧，能够提高学生的阅读能力。束定芳和庄智象（1996：139）指出，"教师在课堂中应始终把阅读方法和技巧的训练作为重点"。

（一）预测

学生借助逻辑、背景知识、常识等线索，对文章的内容结构进行预测。1. 借助文章标题预测文章大意，如阅读 How to Improve Your Study Habits，首先让学生猜测文章的内容与学习习惯有关，再让学生根据自己的经验和知识说出几种学习习惯，如预习、复习、制订计划等。2.

在段落次上进行预测，如在阅读 My First job 一文中：As a result I arrived on a hot June morning too depressed to feel nervous. 教师让学生发挥想象，设想令作者感到沮丧的是什么，是工作环境，还是工资太低？或是碰到什么不愉快的事。这样的预测，不仅能激发学生学习的兴趣，而且学生能主动地思考，将文章所述与自身的经历紧密相连，从而使知识有意义地建构。

（二）略读

阅读文章的起始段及总结段，每段的段首、段尾句，跳过大块细节等以捕捉文章大意，辨识语篇标识，弄清作者的写作思路和所要传递的主要信息。

（三）寻读

浏览全文，查找某个名字、数字、日期、地点、指称、人物关系等信息或事实细节等。

（四）细读

运用具体语境或构词法推测单词、短语和句子的含义及识别代词所指代的对象等，利用上下文信息和图式知识推断作者的写作意图与观点。

（五）评读

开展评价性阅读，讨论作者的写作方法和文体特征，评价作者的观点，阐述自己的看法。学生通过评读提高文本鉴赏能力，从阅读理解到阅读欣赏，不仅获取信息，而且引发情感共鸣，将阅读变为悦读。

第三节　阅读提问策略

在英语阅读教学中，课堂提问是教师重要的语言活动之一。教师善于提问是搞好教学的核心。Nuttall（1996：183）指出，阅读课上提问的目的是使学生明白语言是如何被用来传达意义的，并使学生学会应以何种方法从文本中获取意义。此外提问还应能使学生意识到自己还不理解的部分，并帮助他们将注意力集中于文章难点之上，进而引导他们运用已获得的词汇、语法、文化背景和相关知识，并利用文章上下文提供的信息去推敲、揣测，以期获得对文本的深刻理解。在提问与回答问题的过程中，学生通过分析解决问题，以及对问题的探讨，不仅加深了对文章的理解，而且激发了他们的学习动机，增强了各种思维能力，尤其是批判性思维和创造性思维。同时，在此过程中，师生之间存在大量的言语交流活动，这无疑给学生创造了更多的利用所学语言进行交流的机会。由此可见，课堂提问是提高阅读效率和培养思维能力的有效手段。

一、课堂提问的类型

Nuttall（1996：188-189）将阅读教学中常用的各种问题归纳为1. 有关文本字面意义的问题；2. 对文本进行综合概括的问题；3. 引导推论的问题；4. 引导评价的问题；5. 引导学生对文本发表个人意见的问题。我们将阅读理解中的问题分为四种，即细节性问题、归纳性问题、推理性问题和评价性问题。

细节性问题是针对某一或某些事实提出的知识性问题，回答这类问题依赖于记忆或者答案可以直接在课文中找到，学生只需凭表层理解，通过略读或寻读就可找出答案，如时间、地点、人物、事件等。归纳性问题是指需要在理解的基础上对事物或现象的某一方面的性质和特征或若干事物或现象间的内在关系经过概括分析后才能回答的问题。这类问题可以促使学生进行不同方式的思维活动，例如比较共性、对比差异性、顺序关联性、分类层次性、分析因果性、组织结构性等。推理性问题需要结合语言知识和背景知识进行逻辑推理，理解语篇暗含的意义和作者的意图，从而达到对语篇意义的深层理解。评价性问题是指在分析的基础上需要通过主观想象、假设、预测、判断、重构等创造性思维活动才能做出回答的问题。

二、课堂提问的应用

结合《大学英语》第一册第三单元"The Present"一文探讨提问策略在阅读教学中的具体应用。

（一）读前提问

在阅读课文之前围绕课文标题及其相关内容进行提问，目的是启发学生充分理解文章标题的含义，激活学生已有的知识图式，联系自己的经历、经验及常识对课文内容进行一些理解的预测，为顺利进入正文做好充分的心理准备和语言准备。如提出这样的问题，让学生联系实际进行讨论：

1. What does the title remind you of?
2. Do you remember your mother's birthday?
3. What present would you give and why would you choose that?
4. What do you think the old lady's daughter will do on her mother's 80th birthday?

这些问题浅显易懂，贴近学生的实际生活，能激起学生的表达欲望，大部分学生都会积极发言，展开想象，表达不同的想法。

（二）读中提问

在讲解课文时以问题为线索，自始至终吸引学生的注意力，让学生带着问题阅读课文，主动思考并积极寻找问题的答案，对有争议的问题组织小组讨论或辩论。例如以下问题：

5. Why was the old lady so eager to see the postman?
6. What did the old lady's neighbours do on her birthday?

7. Did Myra work in a senior center? Why did she work for the old?

8. Why do you think Myra visited her mother only three times in two years and her husband never?

9. What would you do if you were in Myra's place?

10. Why did the old lady tear the cheque into little bits?

问题5. 和6. 属于细节性问题，浏览课文后可以找到答案。问题7. 和10. 则是在深层次理解课文的基础上加以分析与推论。问题8. 和9. 引发学生的想象，发表个人见解，具有开放性，答案并不是唯一。

（三）读后提问

在课文讲解结束后，可以让学生归纳、总结课文中心大意，复述课文，培养概括思维能力或提出一些扩展性问题，让学生课后去思索或寻找相关的资料。例如：

11. What does the story reveal?

12. How do you show your love and gratitude to your parents?

13. What are the implied American social problems?

14. Do these problems exist in China?

在阅读教学中，无论是读前的导入性问题，读中理解和争辩的问题，还是读后归纳或延伸性问题，都要"充分旨在利用课文做刺激物、输入物、引发物，紧紧围绕外语教学的思想性、工具性、教育性、人文性，巧妙结合学生的思想感情、实际经历、依据他们已有的语言知识、能力、词汇量等，设计问题、引发讨论"（夏纪梅，卢莉，2003：59）。

三、学生提问

在教学中，笔者发现很多学生不善也不愿提问，一味依赖老师的讲解，于是尝试用以下方法鼓励学生提问和质疑。

在讲解课文前，让学生预习课文，并就阅读的内容提出问题，问题的深浅难易程度不受限制，可以是语言知识或是有关背景文化知识方面的。在课堂上，学生把发现的问题提出来，其他同学解答，必要时老师给予讲解或补充，并对学生的提问给予适当的评价。

在课堂上，采用同桌互问互答、小组辩论、模拟采访等形式，让学生相互提问并积极应对，这样他们的语言运用能力和思维能力都能得到提高。如学完《大学英语》第二册第四单元"My First Job"一文后，让学生自荐或推选一名学生扮演 headmaster，其他学生扮演求职者，学生们根据课文内容或发挥自己的想象，相互问答，这样不仅掌握了课文知识，也学会了在求职过程中如何更好地展示自己的能力。

四、课堂提问应注意的问题

评价教师设计的问题有一定的标准。Penny（1996：230）认为：问题要清楚明了，学生能立即理解问题，并知道需要哪一类答案；有学习的价值；能刺激思考的反应，并对进一步学习有利；有趣味性，有挑战性，有刺激，大多数人都能够回答；有延伸性，能引出更深远更广泛的答案。

1. 教师在提问时，应难易适度，针对语言水平不同的学生采用不同形式的问题。问题过易，不利于激发学生的思维，过难会引起学生的焦虑，影响语言的输入。

2. 所提问题应覆盖整个阅读文章，但要侧重于文章内容的重点和难点，并联系学生实际，在真实的环境中用英语思考交流。不能把提问单纯作为检验阅读理解的手段，要使学生积极思考，发挥联想，发掘文章的深层含义，这样才能真正提高阅读理解能力。

3. 教师在设计问题时应有意识地设计一些分析性问题和运用性问题，训练学生归纳、概括、推理、想象的能力，因为二语习得研究发现，能够激励学生踊跃参与和意义磋商的问题有利于他们获得语言交际能力。

4. 课堂教学中，由于教师提问的方式和学生理解水平、预习程度等因素，可能会出现启而不发的现象，这时教师应使用信息提供策略和信息修饰策略。信息提供策略是教师在提供信息的过程中夹带暗示，以期待学生准确理解，常采用 or – choice 或 blank – filling 的形式。信息修饰策略是指通过重复、意译、改用选择句、以具体问题代替抽象问题，多给学生等待时间等形式以便学生理解和接收信息。这些策略的使用，有利于学生对疑难问题的理解，从而使课堂活动进展顺利。

在阅读教学中，课堂提问是提高阅读效率的有效手段，提问方式是否得当会影响信息获得和学生的语言输出。教师精心设问，适时提问，不但能帮助学生提高阅读理解能力，形成良好阅读习惯，而且能启发学生积极思维，主动学习，让学生在不断发现问题、解决问题的过程中拓宽知识视野，发展思维能力。

第四节 小结

在阅读教学过程中，教师应综合运用阅读模式逐步培养学生的语篇意识和文化意识。阅读理解依据来自语言、语用、文本、世界等方面的知识。扩大学生的知识面，让学生在课后大量广泛地阅读，提高单词快速识别能力，重视语言知识的积累，丰富学生的社会文化知识，建立起丰富的世界图式网。通过对比的方法让学生了解中西文化的差异，不同的价值观和思维方式以及这些差异在语言中的体现。此外，阅读教学应着重于让学生学会从不同角度分析语篇结构，深刻领会整个语篇的层次结构、深层含义、逻辑关系、主题思想、写作方式、写作意图等。阅读教学采用不同的阅读策略和解读方法使学生对语篇的理解从宏观到微观，从整体到局部、从表层到深层，从理解到评价，激发学生的思维能力、推理分析和想象能力。在教学中教师应精心设问,适时提问,把阅读和听、说、写、译等语言能力有机结合在一起,合理利用各种不同类型的问题,促进师生、学生间的交流与互动,提高学生的阅读理解能力。

参考文献

[1] COOK G. Discourse and Literature [M]. Oxford:CUP,1994:20.

[2] GRABE W, STOLLER F L. Teaching and Researching Reading [M]. Bei Jing:Foreign Language Teaching and Research Press,2005:13.

[3] HALLIDAY M A K. An Introduction to Functional Grammar [M]. London:Edward Arnold Limited,1994.

[4] NUTTALL C. Teaching Reading Skills in a Foreign Language [M]. Oxford:Macmillan Publishers Limited,1996:181-190.

[5] PENNY U. A Course in Language Teaching:Practice and Theory [M]. Oxford:CUP,1996:230.

[6] SPERBER D, WILSON D. Relevance:Communication and Cognition [M]. Bei Jing:Foreign Language Teaching and Research Press,2001.

[7] 秦秀白. 英语语体和文体要略 [M]. 上海:上海外语教育出版社,2001.

[8] 束定方,庄智象. 现代外语教学 [M]. 上海:上海外语教育出版社,1996:139.

[9] 夏纪梅,卢莉. 教案设计:外语教师创新能力的表现 [J]. 外语界,2003(1):59.

第十二章

高职英语听力教学策略

听力和阅读一样是获取信息的重要途径。听力理解要求交际者对转瞬即逝的语音输入信息做出即时迅速的反应,因此听力理解对高职学生来说是一项较难掌握的语言技能。交际者在言语交际过程中不是被动地接收话语信息,而是交际者根据话语信息激活已有知识进行主动理解和构建意义的认知过程。这个认知过程包括注意、记忆、联想、推理等。高职英语听力教学往往是教师播放听力材料,并加以解释,注重听的结果,忽略听力理解过程策略的训练,这样学生被动地辨识和机械地记忆,不利于学生听力理解能力的提高。

第一节 听力理解的认知基础

认知语言学认为,语言意义不是对现实世界的镜像反映,而是认知的产物。认知来源于人类与现实世界互动所获得的各种物理经验和社会经验。"意义被视为与语言表达式相关的概念化"(Langacker,2016上:4)。意义既包括概念内容,也包括对概念内容加以认知的方式,如注意、判断、比较、视角、整合等。一方面,意义的百科知识观强调概念意义的丰富性和多维性,对其描述必须参照一系列的百科知识。另一方面,语言符号却是抽象和一维的,正是这种符号的抽象性导致语言意义的理解。语言符号只是冰山一角,其深层蕴藏着无限的概念意义潜势,这些意义潜势储存在大脑中,所以语言表达式的意义不只是其显性成分的组合,在使用中一经激活就会通达浩瀚的百科知识领域。

以符号学为基础的交际的代码模式将语言看作具有语音和语义表征的代码系统,认为交际是通过对传递信息的编码与解码来实现的,即言者将思想进行语言编码,并将其传递给听者,听者将接收到的语音信号进行解码,获得言者的思想,从而完成交际。语用学区分句子(sentence)和语句(utterance),前者是抽象的、孤立于语境之外的,后者是语言交际的单位,与语境紧密相关。句子意义不能对应语句所传递的思想。交际者所传递的思想比抽象的句子意义内容更为丰富,这两者之间的差别需要非语言因素加以填充和丰富。句子意义不能解释语句使用的时间、地点、说话者的身份、话语态度和意图。Sperber 和 Wilson(1986)提出言语交际的明示—推理模式。明示和推理是交际的两个方面。说话人向听话人明示话语的交际意图,听说人结合认知语境对话语进行推理,并最终达到对话语的理解。

第二节 听力理解策略

我们以高等学校英语应用能力考试(A 级)听力材料为例探讨高职英语听力理解策略。A 级考试的听力理解题型包括会话理解选择、会话短文理解选择、短文单词填空和短文问题回答四种。听力会话和会话短文的特点是大部分会话语境明确,语句之间呈现最大关联性,语句理解所需的认知处理努力小,语境效果大,这样学生在理解语句意义时不需要调用较多的语境知识。针对这一特点我们采用语音解码、语义解释和语用推理策略。

一、语音语义匹配

（一）同音匹配

例 1　W：So what do you do in the company, Mr. Green?

M：I'm in charge of the company's <u>financial affairs</u> department.

Q：What department is Mr. Green in charge of in the company?

A）Production planning　　　B）Public relations

C）Financial affairs　　　　　D）Import and Export

例 2　W：Hello, Customer Service. What can I do for you?

M：I called to complain about <u>the delivery of my order</u> last week, but I haven't got any reply yet.

Q：What did the man complain about last week?

A）The price of the product　　B）The delivery of his order

C）The charge of the service　　D）The packing of the goods

同音匹配题在 A 级考试中占据很大比重，目的在于测试学生的单词或短语的语音辨识和解码能力。同音匹配题也属于信息填补类题目，即将会话中提供的显性信息进行确认和识别。例 1 中的 financial affairs 和例 2 中的 the delivery of my order 在选项中都有相同的对应。

（二）同义匹配

例 3　W：Many people are complaining about that restaurant. The food is expensive and isn't good.

M：I sometimes go there for lunch. After all, <u>it is the nearest one from our office.</u>

Q：Why does the man sometimes go to eat in the restaurant?

A）Its food is delicious　　　　B）Its price is reasonable

C）It provides good service　　D）It is close to his office

例 4 W：Do you think we should ask Mr. Joe to do the job?

M：Sure. He is the best person for the job.

Q：What does the man say about Mr. Joe?

A）He is suitable for the job.　　B）He is good at programming.

C）He is nice and kind.　　　　　D）He finds the job difficult.

例 3 的问题是询问原因，与会话中题干表达相同的语义句是 D），其中 near 与 close to 是同义词，因此两句构成同义关系。例 4 中的题干与选项 A）是同义关系。虽然 best 与 nice 同义，但说话人是对 Mr. Joe 能力的判断，选项 C）是对 Mr. Joe 人品的评价，所以词汇同义关系是在语境中动态构建的。听力教学注重同义词的学习和积累，如 look for 和 find，handle 和 deal with，prepare 和 get something ready，be relaxed 与 take it easy 等。

（三）反义匹配

例 5 W：I'd like to exchange this pair of shoes for a smaller size.

M：OK，just a minute.

Q：Why does the woman want to exchange the shoes?

A）They are too expensive.　　　B）They are too large.

C）They are of the wrong color.　D）They are out of fashion.

例 5 询问事件的原因，选项 B）中的 large 与 small 是反义词，而且都与尺寸关联，因而构成反义关联。

二、事件框架激活

在与现实世界的互动过程中，人们将体验、经历和认识的各种事件和场景概括抽象为概念结构或事件域认知模型（ECM）。ECM 作为一种意义潜势储存在长时记忆中，以此来理解和体验新的事件与场景。一个基本的事件域包括两大核心概念：事体（being）和行为（action）。王寅（2007：240）认为，事体包括人、事物、工具等，行为包括动态性和静态性行为，事体具有属性特征和类别，行为包含行为发生的时间、空间、原因、方式、条件等概念，由此可以看出，事件认知模型是一个包含相互关联概念的多层级的概念结构。其中每一个概念占据一个节点，节点之间相互连接。某一概念的激活必然导致通向其他相关概念，这种概念之间的连接形成一种常规或典型关系。概念之间关联的紧密程度与人们的认知体验有关。人们在与现实世界互动的过程中经常感知的事物、行为和场景更具有典型性与凸显性，因而也更具有关联性。

（一）时间框架

例6 M：The meeting will start at 9 o'clock in the morning.

W：Yes, but we should arrive there fifteen minutes earlier.

Q：When should they arrive at the meeting?

A）Before 8：45　　　　　　B）Before 9：15

C）After 9：00　　　　　　　D）At 9：00

When 问句往往要求学生对会话中的时间信息加以确认和计算，例6 是要求根据会话提供的时间信息，结合两句进行计算。

（二）空间框架

例7　M：Good morning. Can I help you?

W：Good morning. I want to open a savings account.

Q：Where did the conversations most probably take place?

询问事件发生的地点是听力理解中常见的内容。事件框架包含相互关联的多个概念，但不同概念呈现不同的典型性和凸显性，因而一个典型概念的提及可以激活其相关的另一典型概念以及整个事件。例7 中的 savings account 激活的是银行场景。

事件和场景框架，如表12-1 所示。

表 12-1　事件和场景框架

事件/场景	人物/事物	行为/动作
商场 supermarket	shop assistant, discount, clothes, shoes	buy, cost
医院 hospital	nurse, patient, flu, medicine	see the doctor, have a cold
餐馆 restaurant	waiter, waitress, customer, cook, menu, sandwich, salad, coffee	order
银行 bank	clerk, savings account, dollar,	change
邮局 post office	postman, stamp, envelop, letter	post
机场 airport	clerk, flight, airline	board
火车站 railway station	passenger, single, return, ticket	leave, leave for
酒店 hotel	hotel attendant, single room, double room	book, make a reservation
飞机上 on the plane	flight attendant, seat belt	fasten, land,

（三）人物关系和身份框架

例 8　M：Let's get started. Tell me a bit about your educational background.

W：Well, I graduated from the city college. My major is Office Management.

Q：What is the most probable relationship between the two speakers?

A）Buyer and seller　　　　B）Interviewer and interviewee

C）Doctor and nurse　　　　D）Shop assistant and customer

例 8 会话中的 educational background, graduate from, major 等词汇表明交际双方是面试官和求职者的关系。常见的人物关系还有护士与病人，老师与学生，老板和员工，服务生和顾客等。另一种题目是判断人物的身份和职业。例如：

例 9　M：My radio doesn't work. What do you think I should do?

W: Why not call Mr. Jones?

Q: Who is Mr. Jones?

例9 询问 Mr. Jones 从事的职业，这从 My radio doesn't work 一句中判断 He is a repairman。

（四）行为框架

例10　M: Can I help you, Madam?

W: Yes. I bought a mobile phone from your store, but it doesn't work properly.

Q: What is the woman doing at the store?

A) Complaining about the mobile phone.

B) Asking about the price of the mobile phone.

C) Comparing the models of the mobile phone.

D) Inquiring about the functions of the mobile phone.

例10 中 it doesn't work properly 表明是顾客的投诉行为。

例11　M: Look, I'm sorry to bother you about this, but music is really loud.

W: I didn't realize you could hear it.

Q: What will the woman probably do?

例11 中的男士虽然用的是陈述句，但并不是陈述一个事实，其交际意图是实施多个言语行为，即抱怨或不满女士音乐播放的声音太大，或请求将音量调小，这一言语行为带来的行为结果可能是女士依然我行我素，或是调低音量，可能甚至将音量调得更大。女士的行为取决于她对话语的理解、人物之间的关系、周围的环境等因素。

（五）原因框架

例12　M: I'm interested in your children's shoes. Can I place an order of 20 pairs?

W: Sorry, sir. We can't accept an order of such a small quantity.

Q: Why doesn't the woman accept the man's order?

A) They can't agree on the price.

B) The man's order is too small.

C) The man asks for earlier delivery.

D) They disagree on the discount.

例 12 中女士的回答表明了不接受订单的原因。

（六）话题框架

例 13　W: What kind of product does your company supply?

M: We supply spare parts for different cars.

What are the two speakers talking about?

A) Car prices　　　　　　　B) Car services

C) The company's business　D) The company's culture

例 13 中的 product，supply spare parts 表明谈论的话题是公司的业务。话题框架对框架中的词汇使用和话语内容具有制约性，以此确保话题概念内容的一致性和连贯性。

三、言语行为推理

例 14　W: How about going to the concert tonight? There's a world famous band playing.

M: It would be fine. But I've got a lot of work to do.

Q: What does the man mean?

例 14 女士邀请男士去听音乐会，男士的陈述间接表达了"拒绝"言语行为，也可以解释为用原因替代了结果，体现了言语行为转喻的认知模式。这一推理过程是：女士提出邀请，男士的回答应该表达的是接受、拒绝或另行建议，但男士的回答在字面上并没有表达这些言语行为。根据关联原则，言语交际以关联为取向，话语理解的过程就是寻找关联的过程。男士的回答是关联的，女士借助语境知识理解话语的意义。以下例 15 的 The woman would rather watch the game at home 这一结论的推理过程也是一样的。

例 15　M：I've got two tickets to today's game. Do you want to come along?

W：It'll be on TV，besides it's really too cold for me.

Q：What do we learn from this conversation?

四、语用预设推理

例 16　W：Are you going to buy the house in the suburbs?

M：I prefer to live in the city center near my work.

Q：What do we learn from the conversation?

A）The man works in the city center.

B）The man wants to live in the suburbs.

C）Thee woman works in the suburbs.

D）The woman lives in the city center.

语用预设是指说话人对言语的语境所做的设想，这种设想是交际双方所共有的背景知识。交际双方都是基于这种背景知识来说出话语和理解话语，这样交际才能顺利展开。我们可以从例 16 听话者的回答中推导出 The man works in the city center。

第三节　听力训练模式

在听力教学中，我们采用感知（perception）、预测（predict）、解析（parsing）和展示（presentation）循序渐进的"4P"训练模式。

一、感知

首先是语音感知。加强单词、短语和句子的语音训练，重点掌握元音字母和字母组合发音规律、长音短音区分、单词音节划分、单词重音、句子的轻重音、弱读连读、句子语调，培养学生单词、短语和句子的语音感知、识别和迅速反应能力。其次是音形感知。我们采用自然拼写法，即根据字母发音规律掌握单词的拼写规律。最后是音义感知。我们在语音测试中发现，有些学生能够准确地读出单词，但是不知道单词的意义。语言交流是传递思想和意义，而不是简单地发出声音。我们采用联想、归纳等方法在听音的基础上加强音义的关联度。

二、预测

充分利用背景知识进行阐释、预测和假设验证。同时运用自上而下和自下而上的互动方式，即教师既要引导学生以词汇为索引激活相关事件框架，又要通过激活背景知识让学生预测听力内容，并在听的过程中不断加以验证。明确听力语篇的指向性（textual orientation）。语篇指向性包括时间、地点、事实性（说话人的态度）和交际双方的关系（黄国文，1987：46）。语篇指向性内容是听力理解的主要内容，而且对听力语篇理解至关重要，教师可以借助语境和典型事件框架进行预测训练。

三、解析

教师分析听力材料中的语言知识点、语句意义、常用的语块和表达式、文化背景知识、会话策略、礼貌策略和说话者的观点态度。对于听力材料，不仅要听懂细节，还要把握整体意义。归纳典型生活场景和工作场景的单词、短语和语句,让学生听到语言表达能够唤起相关的场景。听力教学活动可采用听后复述、边听边读、边听边做、听后概述、听后总结、听后解释、精听和泛听相结合等多种方式。选择符合学生实际语言能力的听力材料,内容贴近学生生活场景和未来工作场景,如校园生活、旅游计划、人物描述、人物采访、客户接待、电话预约等。补充合适的视听说材料,如演讲、电影、新闻等丰富教学内容,营造真实的语境,激发学生学习兴趣。形式由会话到短文听力,逐步增加内容难度,让学生接触和学习真实地道的英语。

四、展示

结合听与说、听与写、听与做。先要学生听懂和领会听力与视频材料,然后按照范文进行模仿,使用材料中所提供的句型和词语并根据自己的实际体验或运用想象来表达相同的内容和话题,如描述自己未来的家和毕业后的计划。在此基础上开展个性化自由表达,表达自己对人对事的看法、表达情感、阐述观点,尽量多地自由表达,并且话语要有逻辑性和连贯性。

第四节 听说石化现象

英语学习过程由于受到语言环境、语言水平、心理因素、认知方式、学习策略等多种因素的影响,是一个漫长而又渐进的内化过程。研究表明,绝大部分学习者由于种种原因,英语学习到了一定程度之后,就不再像学习的最初阶段那样稳步地提高,而是处在停滞不前的徘徊状态,未能达到目的语这个理想的终点,这种现象就是英语学习中的石化现象。石化现象是当今二语习得研究的难点,也是英语学习过程中一个极其普遍的问题。

一、中介语石化的概念

中介语（interlanguage）指的是外语学习过程中学习者使用的介于母语和目的语之间的语言体系（Selinker，1972）。它兼有母语和目的语的特征，并逐渐向目的语靠近。中介语具有系统性、可变性、可渗透性等特点，但最明显的特征是其石化性（fossilization）。Selinker（1972）认为，语言石化现象是指外语学习者的中介语中的一些语言项目、语法规则和系统性知识趋向于固定下来的状态，年龄的增长和学习量的变化对改变这种固定状态不起作用。石化结构一般以潜在的方式存在，甚至在表面上似乎已经清除了，但以后还会在中介语的使用中出现。《朗曼语言教学和应用语言学辞典》将石化定义为：第二语言/外语学习过程中出现的一个过程，即在第二语言/外语学习者的口头和书面表达中始终有不正确的第二语言/外语语言形式。在第二语言/外语学习中，语音、词汇和语法方面的不正确形式都可定型或石化。

二、高职英语学生听说石化现象

当今社会日益重视人才的综合素质和能力，而高职学生的英语应用能力和水平与社会的实际需求有相当差距。因此，英语教学中应将培养和提高学生的英语应用能力，尤其是口语交际和沟通能力摆在重要的地位。高职学生听说石化现象表现在大多数学生无法自然连贯地表达自己的思想；表达的话题范围狭窄；表达手段局限于过去学到的一些简单词汇和句型，新学的语言知识不能付诸应用；语言的准确性和得体性不尽如人意，无论是在语音、语法还是在词汇的使用上都存在着错误反复出现的现象。从石化现象的定义可以看出，这一术语实质上包含两层意思，一是长期使用不正确的目的语语言形式；二是外语学习达到一定程度之后，中介语的结构系统不再进一步发展。高职学生在英语学习中存在上述两种状况，而且后一种情况即语言能力的石化现象较为突出。

三、石化现象成因分析

对语言石化现象产生的原因，国内外学者从生理、认知、社会心理、教育过程等多个角度研究和解释。这些研究和探索对二语习得和外语教学有着重要意义。在前人研究的基础上，我们就听说课程的认识、听说教学现状、听说策略的运用和听说中存在的问题四个方面进行问卷调查、并结合课堂观察和访谈等方法对高职学生听说石化现象产生的原因进行研究，归纳为以下两个方面：1. 认知因素。语言输入质量不高，输入数量严重不足；未能掌握有效的听说策略；受汉语的干扰；目的语文化的认知限制。2. 情感因素。工具性学习动机突出，以应试目的为主；自我形象问题突出，形成心理障碍。

第五节　听说石化现象缓解途径

语言学习过程中，听是语言输入，说是语言输出。学生在听懂理解的基础上发展口语表达能力。突破听说瓶颈，缓解听说石化现象关键在于听说材料的选择和听说策略的运用，要做到言之有物、言之有方。

一、仿真式情境创设

学生的听说学习主要是在课堂这种非真实的语言环境下进行，所以教师应尽量创设真实情境，使听说学习能在和现实情况基本一致或相类似的情境中发生，这样有助于听说能力的迁移。抛锚式教学（anchored instruction）是在建构主义理论影响下形成的比较成熟的一种教学模式。

该教学法主张学习应在真实的情境中发生，学习的内容要选择真实性任务；教学过程与现实问题解决过程相类似，目的是使学习者在一个真实的问题情境中产生学习的需要（刘艳菊，2009：111）。在情境中确定问题就是把真实性事件或问题作为学习的中心内容，采用这种教学方法，意义在于有助于提高学生在实际生活中的语言技能。由于抛锚式教学要以真实实例或问题为基础（作为"锚"），所以有时也被称为"实例式教学"或"基于问题的教学"。这种教学模式要求教学建立在有趣、有感染力的真实事件或真实问题的基础之上。确定这类真实事件或问题被形象地比喻为"抛锚"，因为一旦这类事件或问题被确定了，整个教学过程和教学内容也就被确定了。教师可通过选择来源于实际生活中的真实的听说语言材料，设计真实的问题或语言交流活动创设听说学习情境。这些学习材料的内容涉及学校生活、体育运动、生活娱乐、新闻事件、人物故事、社会问题等。真实的语言材料来源于现实生活，蕴含现实生活的真实信息，反映真实的语言交际，语言表达地道。真实的语言材料为听说教学提供了鲜活地道的英语语言素材，话题和学生日常生活紧密联系。题材的趣味性、多样化和现实性更能激发学生积极参与口语练习活动。教师利用这些真实的语言材料，根据高职学生的心理特点、需求和经历设计一些贴近他们生活的话题与任务，让他们有话可说，并且能言之有物。听说教学不能仅仅是让学生听懂领会语言材料，更重要的是让学生能够将材料内化，成为他们知识体系的一部分。我们在听说课程教学中采用复述、概述和评述的教学方法，循序渐进，让学生学会总结、概括、归纳以及评价听力材料。

教师应把文化教学有意识地贯穿在听说教学过程中。教师可借助图片、英语电影、网络信息等真实的文化传播媒介，让学生接触和了解英语国家的风土人情、历史地理、政治经济、宗教信仰、生活习性和风俗习惯等文化背景知识，这样不仅使学习过程更生动有趣，而且能进一步激发学生学习的动机。文化教学还能够帮助学生克服英语听说中的目的语文化障碍，表达地道、贴切而准确的英语，提高学生的语用能力和跨文化交际能力。

二、个性化自主学习

当问题或话题确定后，不是由教师直接告诉学生应当如何去解决面临的问题，而是由教师向学生提供解决问题的有关线索，例如需要收集哪一类资料、从何处获得有关的信息资料等。自主学习能力包括确定学习内容的能力、获取有关信息资料的能力以及评价有关信息资料的能力。在听说教学中，教师可针对单元主题和听说材料内容设计问题或话题。在课前准备阶段，要求学生以小组为单位，通过网络、图书馆等途径收集问题和话题的相关资料，并加工整理，准备在课堂上进行口头陈述和展示。每个主题围绕一个具有启发性的问题而展开。学习者通过合作，讨论分析问题、收集资料，直至解决问题。这种情境设置使学生在课外准备活动中享有很大的自主权和决定权，并始终处于主动探索、主动思索、主动认知的过程中。开展听说自主学习要求学生学习和掌握一定的听力理解策略与会话策略，例如了解听力材料的背景知识、口语交际中常用的句型结构、语块以及如何开启、维持、回应、转换和结束话题等。

多媒体计算机和网络信息技术可以拓宽学生自主学习的空间，有效地实施个性化学习，促进学生听说能力发展。这种网络环境加大了听读输入量，增加了语言交流机会。依据 Krashen（1985）的输入理论，当语言学习者达到一定熟练水平时，应该有充足的可以理解的信息输入。但是输入的信息应该比学习者目前的中介语水平稍高出一点（$i+1$）。语言信息的输入应该在能够减轻学习者的焦虑和增加学习动力的条件下进行。在保证学生与目标语接触的同时，应当提高目的语输入质量，即增强其趣味性，增加多样性和增大难度。学生可通过网络学习平台进行个性化自主学习，即根据自己的英语水平和能力对听说教学资源做出相应的选择。我们向学生推荐 keke、24EN、51VOA 等在线英语学习网站，同时利用世界大学城云平台开发高职英语空间课程，建设英语听说体验平台。学生对网络教学资源进行查询检索，对所得的资料进行分析比较、选择取舍和加工处理，还可对学习资源选择分析后进一步做出探索，进行意义建构。多媒体网络学习环境中，教师和学生、学生和学生之间构成多向度的交往。学生之间可以通过网络通信进行交互活动，又可通过电子邮件、语音信箱、视频系统与教师进行会话、讨论和交流。

三、体验式实训实习

在课堂上教师创设真实的情境有助于学生听说能力的迁移，学生能增强将模拟情境中学到的知识自觉地应用到现实情境中的能力。这种迁移能力的获得有助于高职学生尽快适应实习环境，将课堂模拟情境与工作情境自发联系起来。要想使学习者完成对所学知识的意义建构，即达到对该知识所反映的事物的性质、规律以及事物之间联系的深刻理解，最好的办法是让他们到现实世界的真实环境中去感受、去体验，而不是仅仅聆听别人（例如教师）关于这种经验的介绍和讲解（何克抗，1997：76）。在高职教育大力推行工学结合人才培养模式的背景下，高职英语专业课程设置突出和强调实践教学，着重培养学生应用语言的能力。英语实践教学包括校内实训和校外实习两个阶段。校内实训主要以模拟职业岗位典型的工作环境，训练学生综合职业能力，例如实训中心、商务中心、模拟酒店及餐厅。校外实习则是让学生身临其境，亲身感悟和直接体验。例如旅游英语专业学生在旅游景区当导游，应用英语专业学生到幼儿、中小学教育培训机构参加教学实习等。学生在现实情境和直接体验中不仅灵活运用所学的知识，提高了语言表达能力，而且锻炼了人际沟通、协调应变的社交能力和管理能力。

四、形成性效果评价

学习过程是解决问题的过程,即由该过程可以直接反映出学生的学习效果。听说教学中教师不把考试成绩作为唯一的评价手段,应随时观察并记录学生在听说学习过程中的表现,例如是否积极主动参加听说活动,完成听说任务。学习效果评价的目的在于促进学习。科学、合理的学习效果评价应更多关注学生在英语学习过程中的发展和变化,讲求动态与静态结合。这种评估依赖于多种信息,单纯的口头或书面考试不能全面反映学生的学习效果。在听说教学中,评价内容应关注学生的知识、能力和情感方面,如文化和商务知识、语言组织能力、学习态度、心理素质、与教师和同学的互动与合作程度,听说策略的运用等。在口语测试中不能简单地以是否成功地进行交际为标准评判学生的口语水平,因为这里面包含着交际策略和非言语交际手段的运用,而应该全面考虑学生口语输出中的语音、语法、词汇等方面表现出的语言能力和语用能力(杨文秀,2000:34)。此外,教师应设计多样化的评价方法,如英语朗读、英语演讲、角色扮演、话题讨论、短剧表演、口头演示、听写测验、听后复述等。教师应还要保持效果评价的连续性,关注学生在听说学习过程中的进步和不足,及时改进教学以适应学生的学习发展。

第六节 小结

意义概念化过程凸显语言意义建构的动态性。这种动态性表明听力理解不仅与语言表达形式有关,还与交际者的认知方式、态度、意图、信念以及背景知识等因素相关。听力理解从语音输入开始,达到意义理解，包括显性意义和隐性意义的理解。显性意义理解运用语音辨识、语义关系和框架激活的策略，隐性意义理解需借助语境进行推理。从简单的语音解码到较为复杂的语用推理，听力理解是一个主动认知的过程，如感知、注意、选择、记忆、想象等。教师应选择多样化真实性的听力输入材料，进行听力方法的指导，让学生在真实的语境中体验和理解，这样才能逐步提高学生的听力理解能力。听力教学不仅是让学生理解和领会听力材料，更要注重语言输出，在理解的基础上通过仿说、概述等形式逐步提高口语表达能力，避免语言石化现象的产生。语言石化现象发生在中介语向目标语的动态发展过程中，是二语习得中的一个普遍现象。高职学生听说石化现象的产生主要涉及认知和情感因素。教师应在听说教学中根据高职学生的特点和需求创设真实的问题情境，提供真实多样的语言材料，激发学生参与听说活动。利用网络资源，提供自主学习环境，让学生进行个性化自主学习，并且增加师生、生生互动交流，在互动合作中运用所学的知识。加强实践教学，让学生在校内外实训实习情境中应用所学知识，体验和完成知识的意义建构。建立多元化评价体系，动态地评估学生的听说能力。由此可见，听说教学应注重教学内容的情境性和真实性，从情景模拟拓展到真实生活，将课堂教学与网络自主学习有机结合，从而有效缓解听说石化现象，促进学生听说能力的发展。

参考文献

[1] KRASHEN. The Input Hypothesis: Issues and Implications [M]. London: Longman Group Limited, 1985: 43-47.

[2] LANGACKER R W. Cognitive Grammar: A Basic Introduction （上卷）[M]. 黄蓓, 译. 北京: 商务印书馆, 2016: 4.

[3] SELINKER, I. Interlanguage [J]. International Review of Ap-

plied Linguistics in Language Teaching, 1972 (10): 209-231.

［4］SPERBER D, WILSON D. Relevance: Cognition and Communication［M］. Oxford: Blackwell Publishers Ltd, 1986.

［5］何克抗. 建构主义的教学模式、教学方法与教学设计［J］. 北京师范大学学报（社会科学版），1997（5）：74-81.

［6］黄国文. 语篇分析概要［M］. 长沙：湖南教育出版社，1987：46.

［7］刘艳菊. 抛锚式教学模式与教师的多元化作用［J］. 西安外国语大学学报，2009（2）：110-112.

［8］王寅. 认知语言学［M］. 上海：上海外语教育出版社，2007：240.

［9］杨文秀. 中介语石化现象与口语教学［J］. 外语与外语教学，2000（9）：33-35.

第十三章

高职英语口语教学策略

英语口语交际能力是高职学生职业能力的重要体现。高职学生不仅应具备动手操作能力,也应具备较强的人际沟通能力,以更好地适应和胜任未来的职业岗位。与书面语篇相比,口语语篇具有自身的结构、语法和词汇特点。Martin(2010:203)指出以往口语语篇,尤其是对话的研究集中在对话交换结构特征以及语气、情态等语法资源,而忽视对话中表达态度的评价词汇,因此他在对话语料研究的基础上提出评价系统。由此可见,口语语篇蕴含丰富的评价语言资源。

第一节 口语语篇特征

语篇分为书面语篇和口语语篇。这两者的区别不仅在于使用不同的传播媒介,如文字与声音,而且在于语言使用形式不同,即具有不同的语言特征。口语语篇不同于书面语篇,有其自身的词汇、语法、语篇结构特征,尤其是日常自然会话,了解和区分这种语言特征差异对口语教学至关重要。评价语言现象的研究来源于口语语料,如 Labov(1972)根据对自然的口头叙述故事的研究提出叙事结构分析模式,即完整的叙事故事包括点题、指向、进展、评议、结局和回应六个组成部分,而且强调评价在叙事结构中十分重要。McCarthy(1998:47)指出,口语体裁的核心是会话人的交际目的和人际关系，评价是实现和维持人际关系的重要手段。McCarthy 通过对 CANCODE 英语语料库的分析与考察，指出由于受到语篇交际目的和人际关系因素的影响，口语语篇在词汇选择和使用上具有以下特征：1. 词汇密度小。2. 使用相同的词汇、同义词或反义词，产生互动并促进话题的发展。3. 说话人在叙述故事时经常使用表现力强的词汇，如强调语、夸张、象声词等，对故事进行评价。听话人也会使用评价性词语做出反馈。4. 会话中频繁使用具有评价意义的固定表达，如语篇标记语、习语等，表达对所述现象的评论和态度。由此可见，评价语言既是口语语篇的重要特征，也是实现口语语篇人际功能的重要手段。

第二节　语篇评价与口语教学

根据语言顺应论，语言使用就是不断做出选择的过程（维索尔伦，2003：6）。说话人之所以能够进行选择是因为语言具有三个相互关联的特征：变异性、协商性和顺应性，从而解释选什么、如何选以及为何选的语言使用动态过程。口语教学中的语篇评价可以从语言结构、意义功能、策略三个层面进行选择，如表 13-1 所示。说话人可以从这三个层面综合选择进行评价，而不是单一选择。三个层面相互顺应并适应交际语境，体现说话人选择的元语用意识。

表13-1 口语语篇评价选择

	语言选择	评价资源和策略		语境
语篇评价	语言层面	评价词汇/评价句式/评价模式		语言语境 情景语境 心理语境 社会文化语境
	意义/功能层面	态度	情感/判断/鉴赏	
		介入	对话扩展/对话收缩	
	策略层面	显性/隐性、正面/负面、直接/间接评价		
		整体/局部评价		
		元话语/基本话语评价		
		量级调整	高/中/低	
		会话原则、礼貌原则、顺应原则		

一、传递情感、表达态度

高职英语口语教学常采用的口语练习活动如自我介绍和评价、人物描述和介绍、事物或产品描述和介绍、个人经历叙述、事件或现象评价等，都需要使用评价词汇和句式。但学生在口语表达中存在的问题有：很少使用评价语言资源，通常叙述事件发生的过程，注重概念意义的表达，忽视评价资源所引发的人际意义；学生使用的评价词汇和句式较为单一，如自我介绍时介绍自己的爱好，多使用 like 等心理过程，而且不会继续叙述产生这种情感的原因和过程，从而造成产出的话语量少。因此在口语教学中，教师应重视分析口语语料中的评价策略，指导学生学会使用各种评价策略以实现交际互动和交际意图。Martin 和 White（2005）提出评价系统，对英语评价语言进行系统的分类。评价系统分为态度、介入和级差三个子系统。态度系统又分为情感、鉴赏和判断三个子系统。在口语语篇中，说话人选择不同的评价策略表达态度。以下例句来自新世纪大学英语《视听说教程》。

1. 情感涉及人们正面和负面的感情，如 love/hate，happy/sad。

例1　Hazel Greene: For the first two years I was depressed. I missed him so much because we did everything together. But now I'm feeling better. I think it's important to stay active and positive. I read a lot and do volunteer work.

例1中说话人叙述自己遭受人生变故后情感变化的经历，从负面情感 depressed 发展到正面情感 positive，形成两种前后情感的对比。在评价策略上，说话人从局部和整体两个层面行评价，即基本话语评价和元话语评价。情感表达是基本话语评价，对这种情感变化通过评价句式 it's important to 再次进行评价，这是元话语评价，体现说话人的元语用意识。在叙述策略上，说话人不仅表达情感而且叙述产生情感的原因。

2. 鉴赏是对事物和现象属性、特征、价值的评价，用于认识事物的价值，如 beautiful/ugly，useful/useless。

例2　Jenna: You're probably right... Say. It looks pretty basic. No washing machine or dryer... not even a TV!

Carson: Oh no! What are we going to do without a TV! That's terrible!

Jenna: Very funny. I'm just letting you know about the place.

例2对话是讨论选择居住的房间。在评价策略上，Jenna 和 Carson 使用显性评价词汇（basic，terrible）和隐性的概念意义评价（no washing machine，without a TV）来表达自己的态度。Jenna 使用"评价+叙述"的评价模式，Carson 采用"叙述+评价"的评价模式。评价模式体现口语语篇互动的交际特征，同时也是话语扩展和推进的有效途径。

3. 判断是人们对行为的合适、规范等进行评判，用于建议人们应该如何做，如 brave/timid，normal/odd。

例3　Mom: Wow! Last question. Why did you choose Ms. Ogata for your report?

Mandy: She's an incredible woman. She moved to the United States and received a PhD from UC Berkeley. She also got married and had two children. She's really intelligent and I respect her.

Mandy 采用的是三明治式的评价模式即"评价$_1$ + 叙述 + 评价$_2$",但这种模式中两个评价成分不是简单地重复,而是具有不同的意义和功能。评价$_1$具有前瞻功能,评价$_2$具有回顾功能,而且语义增强,如使用 really 加强语势。

态度的三个子系统以情感为中心,即人们从情感的角度评价人和事物,而情感不仅是建立和维系人际关系的重要手段,而且体现和预设说话人的个人或共有的价值观。如例 1 预设了积极的生活态度是值得肯定的,例 2 表明人们对更好的生活质量的追求,例 3 则体现对女性社会价值的态度。说话人在故事叙述、日常闲聊等语篇中使用态度资源,以此与听话人产生互动,引起听话人的情感反应,与听话人分享某种情感或价值观,并与听话人达成情感或价值立场上的联盟,共同推进交际活动的发展。

二、协商观点、展开对话

介入系统建立在语篇对话和多声的基础上,分为收缩性多声和扩展性多声两个子系统,用以缩小和扩大对话空间,表明说话人的想法、意见、观点和立场。收缩性多声又分为否认和公告,扩展性多声则分为接纳和归属。语言使用不是一种个人行为和单纯的自我表达,而是一种互动的社会行为,是人与人相互影响的过程。说话人使用介入资源向听话人表达价值立场,并与其在立场上达成联盟。这种联盟不一定是观点一致,也可以是容纳和承认其他不同的观点,如有争议的、矛盾的或否定的声音,多种观点并存于一个语篇中是正常的,也是合理的,这就是语篇的对话和多声的特点。说话人将自己的观点立场置于这种多声的背景中,对他人的观点或挑战、或否认、或同意、或接纳,与此同时凸显自己的声音。

例4　Doctor: I don't like cell phones that much. They're very useful in emergencies, but in general, I think that they're not a good thing, especially for kids. Studies in Britain say that cell phones may have a dangerous effect on children's brains.

例4中医生首先使用否定的情感策略（don't like）表明自己的态度，然后使用承认—反对（they're...but）的介入策略，以及元话语策略（in general, I think）表明自己的观点，运用模糊语（in general）扩展对话，表明观点的可协商性，接着使用声音归属（Studies say...）的介入策略进一步加强自己的观点。

商务谈判和协商是高职英语口语教学中的重要内容。为了使谈判顺利展开和维持双方的业务关系，谈判双方通常需要用到不同的介入资源表明各自的想法和立场，同时又要遵循礼貌原则，顾及对方面子，打开对话空间，这样谈判双方会使用各种介入评价策略展开协商。学生常用的介入资源有 I think, I believe, in my view, in my opinion, 这些表达式是一种接纳的内在声音，其他声音的表达方式有：

例5　a. It seems that we have no choice.（接纳，表达内在声音）

b. Many people believe that they are quality product.（归属，表达外部声音）

c. We will certainly give our best price.（同意的声音）

d. In fact, our products are competitive in quality（宣告的声音）

三、调节语势、实现意图

级差系统分为语势和聚焦，是对态度和介入系统进行分级，如低、中、高量值，用以调节说话人态度和介入话语的程度。聚焦分为锐化和柔化，语势涉及强化和量化。态度系统分级如 slightly upset/ very upset / extremely upset, a bit untidy / somewhat untidy /completely untidy, 介入系统分级如 may/will/must，possibly/probably/definitely，suggest/state/insist。

例6　a. She is a <u>real</u> mother.（聚焦－锐化）

b. They play jazz, <u>sort of</u>.（聚焦－柔化）

c. There is <u>a slight</u> problem with your essay.（语势－量化）

d. This <u>greatly</u> improves its appearance.（语势－强化）

商务谈判话语中交际双方通常使用低量值或中量值的表达手段，而较少使用高量值，因为使用高量值语言手段往往威胁到对方的面子，缩小对话空间或回旋余地，不利于人际关系的建立与维持，影响磋商与谈判进程。

例7　a. <u>Could</u> you <u>possibly</u> effect shipment more promptly?

b. $750 per ton <u>seems</u> more reasonable.

c. <u>Usually</u>, we offer no discount for it.

d. <u>I'm afraid</u> that will not be possible.

四、互动回应，推进语篇

日常会话交际的特点是交际双方的互动，你来我往，共同推进语篇的发展，因此交际双方常使用评价资源相互回应，做出反馈，体现双方对交谈话题的关注、双方的合作与协同以及情感的联系。常见的评价回应有 so strange, how true, cool, that sounds like fun, that sounds great, very funny, no problem, terrific 等。这些回应语并不表达具体的概念，其功能犹如话语润滑剂，使表达概念意义的话语之间得到自然顺利的衔接和推进。如例8，情景是讲述高中时期有一学生晕倒的事件，A 询问发生了什么，B 并没有直接回答，而是先表达当时的心情，A 接着询问事件的严重性，表示对事件的关注，B 同样没有直接回应，而是使用评价词汇 thankfully，A 随之用 lucky 表达自己的态度，B 再次对 A 的话语做出肯定回应。笔者在教学中让学生讲述同一事件，学生更多注重讲述事件发生经过，忽视评价回应语的使用，因而减少互动效果。

例8　A：What happened then?

B：We felt very anxious. So one of us hurried to tell our teacher.

A：Was it serious?

B：Thankfully, it wasn't. He recovered before our teacher arrived.

A：How lucky!

B：Yeah, he really was. He told us that he had been playing online games all night.

语篇具有互动性，评价是体现这种互动的重要手段。无论是日常交际会话还是其他类型的口语语篇，如叙述、议论等，既有交际各方的评价回应，也有说话者自我的评价回应，呈现一种对话的特征。这种对话性是指说话人明显地考虑到受话人的反应，实际的或假定的反应（McCarthy，2004：17）。评价作为语篇建构的重要成分，表达评价意义的同时，也起着前瞻、概括、回顾、回应和加强的组篇功能。

例9　Julianna：The funniest story of my traveling experience was when I came to the US for the first time by myself.

Catherine：My recent trip to Africa was one of the most amazing trips of my life.

说话人在故事开头使用评价，这时引起的问题是why do I say this is a funny story? 并激发听话人对同样问题的关注和兴趣，预测语篇的下文，紧接而来的叙述是对这个问题的回答，这样整个叙述形成语义连贯的整体。

第三节 小结

　　评价是口语交际语篇的重要特征，体现在语言的各个层次上。高职英语口语教学应重视口语语篇中评价词汇、语块、句式、语篇模式的分析和学习，指导学生根据语境选择各种评价策略表达情感、价值立场和协商观点，有效实现交际互动和交际意图，并推进口语交际活动的展开。在口语交际中，说话人运用评价语言表达情感、态度、观点和立场。评价语言的使用受到语境和交际目的制约，不同类型的口语语篇选择使用不同的评价资源和评价策略。评价策略的掌握和运用是口语交际能力的重要组成部分。口语教学中教师对教材口语语篇中出现的评价资源，不应只局限于讲解词汇意义或单纯地要求学生记忆模仿，如情态动词的教学，还应让学生接触多样化真实的口语语篇，指导学生从语篇角度，如语篇类型、人际关系、交际目的等方面分析词汇和语法评价功能，这样有助于增强学生评价词汇和语法表达的能力，让学生更好地了解语言使用的本质以及评价语言使用所体现的文化价值观。如在故事叙述中说话人不仅叙述事件发生的经过，还会对事件做出评论。口语教学中教师应指导学生对这类语篇评价模式进行分析，学生通过仿说训练，逐步掌握评价策略，然后进行个性化自由表达和创新运用。

参考文献

　　[1] 维索尔伦. 语用学诠释 [M] 钱冠连，霍永寿，译. 北京：清华大学出版社，2003：6.

　　[2] LABOW W. Language in the Inner City [M]. Philadephia：University of Pennsylvania press，1972.

[3] MARTIN J R, WHITE P. The Language of Evaluation: Appraisal in English [M]. London and New York: Palgrave Macmillan, 2005.

[4] MCCARTHY M. Spoken Language and Applied Linguistics [M]. Cambridge: CUP, 1998: 47.

[5] MCCARTHY M, CARTER R. Language as Discourse: Perspectives for Language Teaching [M]. Beijing: Peking University Press, 2004: 17.

[6] MARTIN J R. Beyond Exchange: Appraisal System in English [M] //Wang Zhenhua. Discourse Semantics. Shanghai: Shanghai Jiao Tong University Press, 2010: 203.

第十四章

高职英语课程评价

构建以行动评价为核心的行业英语评价体系,重视学生的个体智力的差异性,关注学生在学习过程中的行为表现和动态发展,在评价主体、评价方法、标准和内容上呈现多元化特点,旨在培养高职学生的职业能力和可持续发展。

第一节 课程评价

课程评价是课程体系中重要的环节,贯穿于整个教学过程。课堂评估是一个收集、综合和分析信息的过程,是了解学生的各项技能发展水平和发展潜力等信息的过程(罗少茜,2003:14)。由此可以看出,课程评价并不等同于考试、测试或成绩评定,是学校管理者、教师和学生共同收集教学过程中的各种信息,并根据这些信息做出判断和决策。职业教育研究提出行动导向和工作过程导向的课程开发,强调通过行动来学习,行动既是学习的目标也是学习的途径,具有反思性、过程性、情境性。职业教育突破静态的学科知识体系,而注重动态的行动体系的知识构建(姜大源,2007:222)。以单一分数为标准的终结性评价无法反映学生的英语实际应用能力、行动能力和动态发展过程,因而高职行业英语应构建符合职业教育理念的动态课程评价体系,指向学生英语学习的行动过程，教师和学生共同参与信息的收集与评价，目的是提高教学效果以及全面衡量和提升学生的综合素质与职业能力。

第二节 评价原则

一、人本性原则

人本主义教育认为人类生来具有学习的潜能，强调意义学习，即让个体的态度、个性、行为发生变化的学习（施良方，2000：38）。这种学习观尊重学生的个人需求和个人情感，鼓励学生的自我选择和自我评价，强调语言学习中的情感因素而不是认知因素，注重人的全面发展而不仅仅是语言发展。因而学习评价不仅考查学生的语言知识和技能的掌握，而且还要观察学生学习过程中所表现出的态度、情感和行动能力的变化与发展。

二、差异性原则

多元智力理论指出个体身上独立存在着与特定认知领域或知识范畴相联系的七种智能，即语言智力、数学逻辑智力、空间智力、音乐智力、身体运动智力、人际交往智力和自我认识智力（罗少茜，2003：106）。根据这一理论，每一个个体所呈现的智力类型不同，存在极大差异。这种差异只是智力结构的不同，没有高低之分。不同学生各有其特点，因而教师应根据不同学生的智力特点进行评价，善于挖掘和激发他们的潜能，提供展示其独特能力的机会，发展其个性。

三、体验性原则

有效评价的前提是学生积极参与到教与学的过程。如果学生将自己置于英语学习之外,评价也就无从开展。因而教师应设计使学生感兴趣的任务,鼓励学生积极主动参与,以此来观察和评价学生在完成任务过程中的行为表现。这种任务能让学生真正体验到语言学习和运用所带来的认知与情感体验,包括消极的和积极的体验,如发现某一方面的不足,因完成任务而获得成就感、树立自信心、克服害羞胆怯心理等。

第三节 学习评价

一、评价主体

行动体验课程评价改变单一的教师自上而下的权威性评价,倡导多方参与的评价。注重评价的主体间性,采用教师和学生、学生和学生之间的互动双向评价,包括学生自评、同伴互评、师生互评、同行评价。对于一些涉外较强的专业如旅游、文秘等,还可以邀请行业或企业专家参与对学生的评价。教师和学生之间营造平等、和谐、信任、对话的关系和氛围,两者共同参与和决定评价的方法、内容等。教师参与和引导学生的自我评价与同伴评价。学生的自我评价有助于培养学生对学习过程的自我监控能力和自主学习能力,如学生对自己的各种语言能力的认识,知道自己的优点弱点,以此确定学习目标。教师可以与学生进行交谈,引导学生反思英语学习过程。行动体验的课程评价要求学生改变原有的应试教育的评价观念,摆脱原有的英语学习方面的困扰,不以分数来衡量自己,这样才能积极主动参与到教学过程中,重视自己的努力与进步。

二、评价内容

改变单一以语言知识和技能为主的考试，教师应将学生的情感、行动能力和策略纳入评价范围中。知识不仅包括基本语言知识的记忆和运用，还包括行业知识的了解，如识别常见的行业术语，了解行业的典型工作任务流程；技能包括听、说、读、写语言技能，但不是单一技能，而是强调任务引领下的综合语言技能；情感包括学习态度、自信心、毅力和恒心；行动能力是指学生在完成任务过程中表现出的各种能力和方法，如制订计划、查找资料、获取信息、合作意识、任务完成等；策略是学生在整个学习过程中或是任务实施过程中所运用到的各种学习策略，如认知策略、元认知策略、情感策略和交际策略，具体表现为课堂上学习注意力集中、做笔记、积极思考、参与课堂活动、积极的学习态度、遇到困难寻求同伴或老师的帮助等。

三、评价方法

（一）行动评价和语言测试

课程评价主要有形成性评价和终结性评价两种类型。形成性评价是通过观察学生完成任务的表现进行判断，我们将其称为行动评价，终结性评价采用语言测试形式。两者区别如表 14-1 所示。

表 14-1 行动评价和语言测试的区别

对比点	行动评价	语言测试
目的	有效提高教学质量和学生的行动能力，侧重分析判断能力	检测学生是否掌握了所学的知识，侧重于知识的记忆

续表

对比点	行动评价	语言测试
特点	动态性、过程性、持续性、真实性、丰富性、体验性	静态化、单一性、终结性、非真实性、固定性
空间	课堂内外	课堂上
时间	教学全过程	学期开始和结束
方式	完成任务，定性描述	完成试题，量化分析
手段	电子文稿、纸质材料、视频音频	试卷
内容	知识、技能、能力、情感、策略 完成任务表现出的综合能力与素质	知识、技能 内容与现实生活和个人意义无关
主体	教师、学生、学校管理者、行业专家	教师、学生
作用	促进教师和学生的互动交流 促进学生反思学习过程，成为自主学习者 促进教师反思教学过程，成为教学研究者	帮助教师了解学生对知识和技能的掌握程度
标准	标准不是唯一的，针对不同的任务以及学生的差异性设置不同的标准	以答案作为评分标准，客观题的答案具有唯一性，常用对错进行判断

　　行动评价既有书面形式也有口头形式，两者同等重要，但更偏重口语部分，因为口语输出具有多样化、个性化和创造性，而且不可能出现突击抄袭现象，更能体现学生学习的过程性。口语形式包括语音测试和口语任务，书面形式主要是学生完成的书面练习，内容上包括各教学单元的听写、词汇语法练习、短语翻译以及写作。语言测试包括学期期末笔试和高等学校英语应用能力等级考试。期末笔试设计 A、B、C 三套平行试卷，涉及语法词汇、阅读理解、英汉翻译和应用写作四个方面，

基本与 A 级应用能力等级考试题型相一致。由于高职学生的英语水平参差不齐，试题设计以客观题为主，着重考查学生的语言基础知识和技能。

（二）书面和口语评价

书面评价主要是对学生完成书面练习的及时性、准确性、完整性等情况进行评价。为了体现"学以致用"的理念和提高口语表达能力，每个学期我们要求学生完成口语任务。口语任务要求学生根据自己的英语水平、能力、性格特点和兴趣爱好选择英语材料，在形式上可采用个人朗读、背诵、演讲、两人对话或小组合作的方式。小组活动以寝室为单位，由学生自己选择活动的负责人。考虑到高职学生现有的英语能力，教师应提前一周通知学生做好准备。每周英语课前 10～15 分钟由三到五位学生进行英语口语展示。学生展示完之后，教师会对其展示的内容、材料的出处以及选择的理由等方面进行提问，检查学生是否真正理解。如果其余学生没有听清楚和理解，教师要求学生对所说内容进行概括，或将重要的词汇和句子写在黑板上，这样既避免走过场和形式化，也让学生学会与其他学生分享，从而取得较好的效果。

教师对学生完成口语任务的整体表现进行评价，具体从以下方面展开：语音语调清晰、准确和流畅；词汇句子运用的恰当与多样性；态度的认真和自信；表情的自然；所选材料的难易程度；是否脱稿；与听众是否有互动。我们并不是运用所有的标准来评价学生口语，而是着重指出学生表现的某些突出优点，如声音洪亮、表情丰富或词汇运用丰富，鼓励学生用英语表达，改变学生不愿开口、不敢开口说英语的习惯。学生完成任务后，教师收集学生所选的英语材料，包括纸质、视频和电子演示稿，选择其中较好的学生作品发到班级 QQ 群文件中和职教新干线中的教师空间，作为文件共享和交流。教学实践证明口语任务能增强高职学生主动参与学习的积极性、自信心以及语言表达能力。口语任务的目的是形成学习英语的氛围,培养学生获取、分析、理解信息的方法能力,锻炼学生的语言表达和沟通合作等社会能力,但最重要的是让学生摆脱消极负面的情感,克服心理障碍,培养一种积极、乐观、开朗的态度和良好的心理素质,着眼于学生的可持续发展。

第四节 教学评价

完整的课程评价包括教学评价。教学效果的评价方式主要有教师自我评价、同行评价、学校督导评价和学生评价。学院督导团会对每个教师进行听课评价,要求系部领导和老师参加,及时反馈意见和提供建议,这样督促教师提高教学质量,同时也有助于教师之间的相互学习与交流。每个学期学生对任课老师进行网上评价,学院公布评价结果,并作为教师教学评定的依据。同行、督导和学生的评价都是来自教师外部,教师的自我评价同等重要。教师的自我评价是一种教学反思式评价,对教师专业发展和教学实践而言更具有意义与价值。教师不仅评价自己的教学理念、教学方法、专业知识和教学能力,而且观察评价整个教学过程中出现的各种情形,发现问题,并多渠道收集信息进行分析,因为教学过程本身存在各种不确定性和不可预测的情形。如每个学期开学时,笔者会让每个学生用英语自我介绍,初步了解学生的爱好、英语水平,同时发现表现突出的学生,并做书面记录。同时在教学过程中,通过与学生交流、问卷调查、座谈等方式了解学生对知识的掌握、能力水平、性格特征以及学习要求,观察教学方法是否取得好的效果、学生的学习状态、学生在实施任务中的表现,并及时记录下来,然后寻求解决问题的方法。教师的自我评价是开展反思性教学和行动研究的重要环节,更具有持续性和动态性。

第五节　小结

实施行动评价要求学生具有自主学习意识，而这恰是高职学生所缺乏的，因而具体实施起来有一定难度。高职学生的英语水平参差不齐，英语学习动力不足，这样有些学生不参与或只是应付任务。有些任务，如机电英语教材中与工作任务有关的口语任务，因学生的英语能力有限而无法操作。教师应根据学生的实际能力和水平设计任务，尽量让每一位学生参与其中，同时教师自身的教学能力和素质需要不断加强与提高，还要更新评价理念，使评价在提高教学质量和学生英语能力方面发挥重要作用。

参考文献

[1] 罗少茜. 英语课堂教学形成性评价 [M]. 北京：外语教学与研究出版社，2003.

[2] 姜大源. 职业教育学研究新论 [M]. 北京：教育科学出版社，2007.

[3] 施良方. 学习论 [M]. 北京：人民教育出版社，2000.

第十五章

高职英语空间课堂教学

近年来,以互联网为主的信息技术的不断发展为教育教学改革提供了技术支持、理念变革和开放资源,并推动和产生了新的教学模式,如混合式学习、翻转课堂等。《高职公共英语课程基本要求》明确提出高职英语教学应以学生为中心,"使用计算机、网络技术等现代化教学手段,开发和利用数字化教学资源,构建适合学生个性化学习和自主学习的新的教学模式"。传统课堂教学模式、教学资源、教学手段都无法满足学生个性化的英语学习需求,我们尝试运用混合式教学和翻转课堂教学理念开展空间课堂教学,促进信息技术和高职英语课程的整合,提高学生的职业英语综合应用能力和自主学习能力。

第一节 混合式教学和翻转课堂

混合式教学是课堂教学和网络学习相结合的教学形式,相比于传统的课堂教学,混合式教学更注重学生学习的自主性、个性化和多样化。其中较为典型的就是翻转课堂。翻转课堂是对课上知识传授、课后知识内化的常规教学过程的翻转,其基本思路是学生课前观看教学视频自主学习课程,然后在课堂上与教师和同伴开展各种互动教学活动,解决观看视频后产生的问题,同时学生在教师的指导下进行知识的内化、应用和拓展。

　　翻转课堂兴起于美国，经历了由点到面的发展过程，已具有了较为广泛的理论和实践基础。2007年，两位高中化学老师伯尔曼和萨姆斯为了帮助缺课的学生，布置学生在家观看教师制作的教学视频和教学材料，然后让学生在课堂上完成作业，这种翻转课堂教学法增加了师生互动，提高了学生学习兴趣和成绩。2012年，他们出版了专著《翻转你的课堂：时刻惠及课堂上的每位学生》，总结了翻转课堂理论和实践经验。近年来，翻转课堂教学作为一种新型教学模式逐渐得到国内学者的关注，成为教育界研究的热点。赵兴龙（2014）就翻转课堂如何促进学习这一本质问题进行探讨，从而从技术层面的探讨回归到学习发生的根本原理的研究，认为翻转课堂主要通过教学流程的翻转，分解知识内化难度，增加知识内化次数，以此促进学习者获得知识。与此同时，翻转课堂也引起外语教学研究者的广泛关注。例如胡杰辉、伍忠杰（2014）、卢海燕（2014）、王娜等（2016）分别提出借助慕课（MOOC）、微课、私播课（SPOC）开发设计大学英语网络课程，让学生进行在线自主学习，课堂教学展开问答、讨论、小组口语报告等教学活动。他们通过访谈、问卷调查等方法针对翻转课堂应用的有效性展开教学实验研究，研究结果表明翻转课堂教学有利于提高学生学习积极性和自主学习能力，并促进语言知识内化。

　　综上所述，翻转课堂教学作为一种结合网络学习和课堂教学的混合学习模式，借助信息技术手段翻转常规教学流程，通过增加知识内化次数达到掌握知识的目的，不仅突破时空界限，将课堂教学延伸至开放的网络学习空间，同时也改变课堂教学功能以及引发教学体系如教学理念、手段方法、评价方式、师生角色等多方面的转变。

第二节 空间课程资源建设

空间课程建设项目依托高职实用英语课程，利用世界大学城云平台开展空间课堂教学。高职实用英语是高职学生必修的一门公共基础文化课，旨在培养高职学生在职业情境中的英语应用能力，并服务于各专业高素质技能型人才培养目标。英语交流能力是高职学生职业能力的体现。目前高职英语教学已从单一的通用英语教学转向通用英语和行业英语相结合的课程设置模式。行业英语注重将英语知识和技能与行业工作过程相结合，将英语交际能力与职业语境相结合。目前常规的英语课堂教学形式、教学资源、语言输入方式和途径较为单一，无法满足高职学生的认知需求和有效提高教学质量。为有效地开展空间课堂教学，有必要改革和创新教学模式与方法，为学生提供语境化和立体化的空间英语学习平台。

一、建设目标

1. 构建和探索英语空间教学模式。通过空间课堂学习和师生互动交流，给学生提供学习英语和语言实践体验的平台，让课堂教学拓展和延伸到空间课堂学习，改变学生被动的学习方式，提高学生的自主学习能力和英语应用能力。运用网络资源延伸课堂教学，同时拓宽学生的人文视野，体现语言教学的工具性和人文性。

2. 建设高职英语空间教学研究平台。提供教学和教研资源交流、共享和学习平台，通过空间教学开展微课制作、听课、评课等教学活动，提高高职英语教师教学科研能力和信息化教学能力，探索信息技术与高职英语教学有效融合的途径。

3. 以点带面,开展各行业英语空间特色化和个性化教学,从而全面推进高职英语课程信息化教学建设与应用。

二、建设内容

(一) 设计思路

根据高职英语课程设置模式和学生的实际英语能力,进行通用英语→机电英语→语言拓展三个阶段的空间课程建设,建设内容由易到难,渐进式展开。通用英语阶段以日常交际话题为中心,展示重点的词汇和语法知识,并开展基本技能的训练。机电英语阶段选取机电行业典型工作任务、项目和案例,并以任务情境所需的语言知识和技能为中心开展空间课程资源建设,制作教学视频,上传到空间让学生进行在线学习。语言拓展部分根据高职学生的特点和需求选取各类英语语言素材,扩展学生视野和培养人文素质。

(二) 布局设计

1. 教师个人教学空间首页设置课程导航(图 15-1),展示课程学习内容,介绍课程教学资源。课程导航包括教学资源、听说实训、互动学习和自创栏目。导航图文标志设计做到清晰、简洁和明了,都设置有超链接。

2. 教学空间分为课程导航、学习互动、教学交流和空间管理四大板块,做到栏目分类、功能区分清晰。

3. 英语教学资源设计和选取符合高职学生的学习特点与需求,做到丰富多样、生动有趣、循序渐进,并集文本、视频、音频、图片、动画于一身。

图 15 - 1　互动学习导航

空间课堂建设资源，如表 15 - 1 所示。

表 15 - 1　空间课堂建设资源

课程网址：http://www.worlduc.com/SpaceShow/Index.aspx?uid = 360014		
序号	资源类型	课程资源内容
1	考试题库	教学单元测试题和综合测试题 高等学校英语应用能力等级考试 A 级试题和模拟试题
2	专项训练	词形转换和语法训练、阅读、翻译、写作训练
3	教学视频	基础英语教学视频（各教学单元听力、重点的词汇短语、句型、语法、段落和写作、文化背景知识）
		机电英语教学视频（机电英语各教学单元重点的词汇短语、句型、语法、语篇、写作和工作任务）
4	英语听说实训实践视频	基础英语听说、机电英语听说、高等学校英语应用能力考试 A 级听力、新闻听力、慢速英语听力（英语习语、科技、教育、文化、人物介绍）、英语学习网站、英语歌曲、英语电影片段介绍 　　说明：配以文本解释和练习
		学生英语实训实践视频（学生的英语朗读、演讲、会话展示、参加竞赛） 　　包括学生自制的英语学习视频、音频、课件、图片和文本作品

续表

序号	资源类型	课程资源内容	
5	作业布置	教学单元重点词汇、语法、短语翻译、段落翻译、应用文写作	
6	语言拓展	英语美文、词语学习、英语演讲、文化背景知识	说明：选取文章经典片段或全文形式，并配以词语解释或翻译

高职实用英语空间课程建设主要包括课程教学资源设计与开发、教学互动与管理、教学交流与探讨三部分。

1. 课程资源建设包括课程介绍、授课计划、教学视频、听力材料、电子教案、电子课件、教学日志等。建立练习库、试题库和语料库等教学资源库。

2. 充分利用网络空间教学优势，构建英语听说实训平台，为学生提供语言输入、输出和语言实践机会，营造和构建英语学习环境。内容包括日常交际会话、行业情景会话、高等学校英语应用能力等级 A 级考试听力训练、英语新闻、慢速英语和影视英语听说训练。

3. 提供丰富多样的原版英语学习视频、音频和文本资料，让学生接触和学习原汁原味的英语资源，内容包括语法学习、词语故事、英汉文化背景知识、英语演讲、英语小说、英语美文、英语歌曲等。

4. 教师进行空间作业布置、提交、批改、在线交流、测试和辅导答疑。要求学生积极参与空间课程建设。学生制作并提供英语听说练习和英语学习的视频、音频、图片、课件以及文本资料，如会话、朗读、演讲等，并在空间进行作品展示。

5. 以空间课堂建设为平台，教师开展高职英语课程资源建设、教学内容、方法的研讨，开展空间建设与教学经验学习与交流，开发设计慕课（MOOC）资源，组织申报高职英语课程建设的课题和在线精品课程项目。

（三）建设重点

1. 依据高职英语课程特点、高职学生英语学习特点和需求，开发、设计和制作教学视频。

2. 建设英语听说实践体验平台，开展听→读→写→说综合语言能力训练。

三、推广应用

通过职教新干线、世界大学城云平台、智慧职教云课堂等多种途径和平台进行项目成果推广，将空间连接学院、全省和全国高职院校机构与教师，实现课程资源共享；参加省级学术会议，进行课程项目建设的介绍、交流和推广；通过微信、QQ空间等社交平台进行交流推广；充分结合常规的课堂教学进行空间资源的应用和推广；通过课题项目申报立项和发表论文推广空间课堂建设成果；参加信息化课程、微课设计竞赛。

四、实施步骤

1. 研讨准备阶段：组建空间课堂教学团队，根据空间课堂建设项目要求开展空间课堂建设经验交流和研讨，通过访谈等方式了解学生的英语学习需求。明确任务分工和空间课堂建设内容，发挥各自专长，制定课程要求、目的、内容和授课计划，并将已有的教学教研资料进行上传。

2. 实施应用阶段：设计开发原创教学视频，供学生进行在线学习。实现线上线下相结合的混合学习。建设和应用英语听说实训实践空间平台，提高学生的听说应用能力。充分结合常规课堂教学和空间课堂学习，最大限度地利用空间英语资源。利用空间开展在线师生交流互动，展示学生英语学习作品和成果,进行课程内容学习和探讨,作业的布置、提交、批改和评价,在线测试和课程辅导答疑。

3. 总结推广阶段:空间课堂教学团队成员在空间课堂建设过程中通过教学会议、座谈和教师空间进行相互交流、学习并且总结经验。教师在空间教学应用中及时了解学生的反馈和需求,不断地补充、丰富、完善和优化空间课堂建设。

第三节 空间课堂教学实践

主要采用"课前自主学习、课堂讨论互动、课后内化提高"的空间教学模式以及看—听—读—练—评—秀等环节进行空间课堂教学,实现空间教学资源建设的共建、共享和共用。

1. 要求每位学生下载世界大学城 App 进行在线学习和交流,并且结合使用 QQ、微信等社交平台。教师在教学空间建立班级进行统一管理,学生互加好友,建立自己的学习空间。

2. 2017 年上学期在 2016 级机电班和酒店管理班利用空间课堂开展语法教学。教师主要对语法知识进行总结和归纳。由于语法知识很多,在总结时不要求面面俱到,仅有针对性地学习,突出句型和从句的学习,这样让学生更好地掌握规律。将语法知识分为 13 个专项,在课堂教学时,结合高等学校英语应用能力等级考试 A 级的真题要求学生观察分析,找出各项语法知识的规律和特点。学生课后可以随时随地在空间进行学习和巩固,要求学生看和评,在空间留言和评价,说出自己的感受和学习体会,如有疑惑或问题随时提出,这样老师可以随时了解学生的学习状况,并给予及时的解答或是在课堂上给予统一解答。利用空间教学进行大量的练习巩固,加深印象。分项训练结束后再进行综合练习和测试。通过这样的循环学习,学生对语法知识点有了较为清晰和深刻的印象。

3. 2017年下学期在2017级机电班和酒管班进行高职实用英语教学，教学内容以基本英语知识为主。将每个学习单元的重点词汇、短语、句型、语法、对话听力、课文的参考译文和学习拓展材料上传到空间，学生可以进行预习和复习，如提前翻译重点短语，在课堂学习中没有理解的知识，课后随时进行学习，同时要求学生进行学习评价。教师进行空间作业的布置、提交和批改。在线测试在课上和课后进行。课堂上，学完知识点之后进行测试，及时检查学习效果，并加以巩固。课后测试突出各学习单元语言知识的重点，让学生理解和运用。

4. 让学生参与空间课堂建设。学生开展空间课堂自主学习，并根据空间课堂资源完成英语作品。学习资源的选择要根据自己的语言能力和兴趣，作品强调以小组合作的形式完成。教师选择学生的会话、朗读、讲故事、情景模拟、电影介绍等优秀作品在空间展示。这样给学生提供运用语言的机会，增加他们的英语学习兴趣，增强参与教学活动的积极性，并且起到了示范和激励的作用。

5. 本次空间课堂教学主要是借助手机世界大学城App进行在线学习。为加强管理，要求和督促学生课堂上当场完成语言知识的巩固练习，加深理解。同时在课堂上巡视，避免学生用手机做其他的事。

6. 将学生空间学习与参与过程纳入期评综合考核，空间学习、作业和测试各占10%。

第四节 小结

空间课堂教学丰富了学习资源。空间课堂教学资源的建设和应用按照"三阶段、四板块、五要素、六环节"，由易到难、渐进式展开（图15-2）。空间课堂教学改变了单一的学习方式，拓宽了学习渠道。英

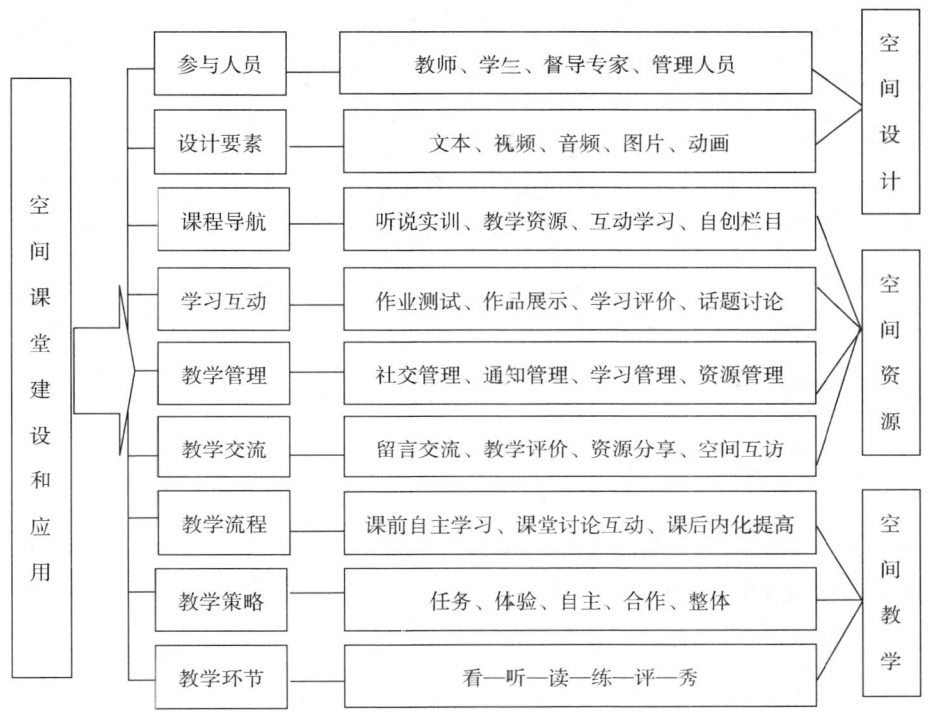

图 15-2　高职英语"三阶段、四板块、五要素、六环节"空间课堂教学

语学习不受时空限制,做到了虚实结合、随时随地随身学习,实现了个性化和移动化英语学习,同时增加了师生、学生之间的互动。在语言知识强化训练以及复习巩固方面起到了辅助作用,从而弥补课堂教学。教师通过开展空间课堂教学提高了自身信息化教学能力。在空间课堂教学中,我们对技术资源的应用要遵循合适性、选择性和辅助性原则,将技术资源与语言学习融为一体,"术"和"道"有机结合,而不是依赖或以技术资源为主导,而忽略语言学习的人际交流和思想交流。目前空间教学的内容较为局限,仅用于语言知识的学习,如语音、词汇和语法知识,而对阅读、写作教学较为有限。以下方面需要进一步探索、改进和完善:1. 碎片化的学习对学生整体的综合英语能力的提高作用需要进一步探索与实践；2. 增强学生的学习主动性，如完成作业的及时性、空间课堂的自主学习等；3. 强化的语言知识如果没有经过学生的理解内化，过后容易遗忘，而没有储存在知识体系中；4. 在学习成果展示方面，提高学生参与的积极性和主动性；5. 进一步开发和完善微课资源，增加微课视频制作的生动、趣味和创意，增强学生的情感体验；6. 提高空间资源的整体利用率，结合多媒体开展教学实践。总之，空间教学和课堂教学要做到有效结合，发挥各自的优势，相辅相成，共同提高教学质量。

参考文献

[1] JERGMAN J，SAMS A. Flip your classroom—Reach every student in every classroom every day［M］. Washington，DC：International Society for Technology in Education，2012.

[2] 胡杰辉，伍忠杰. 基于 MOOC 的大学英语翻转课堂教学模式研究［J］，外语电化教学，2014（11）：40－45.

[3] 卢海燕. 基于微课"翻转课堂"模式在大学英语教学应用的可行性分析［J］. 外语电化教学，2014（7）：34－36.

[4] 王娜，陈娟文，张丹丹. 大学英语 SPOC 翻转课堂：一种有效学习模式建构［J］. 外语电化教育，2016（6）：52－57.

[5] 赵兴龙. 翻转课堂中知识内化过程及教学模式设计［J］. 现代远程教育研究，2014（2）：55－61.

第十六章

高职英语教师专业发展

随着我国高等职业教育的迅速发展，教师队伍建设的迫切性和重要性已日益凸显。为适应高职人才培养模式和英语教学改革的需要，英语教师自身建设即英语教师的专业发展也显得尤为重要。《高等职业教育英语课程教学要求》明确提出对教师发展的要求：教师素质是高职英语课程教学成功与否的关键，教学理念的更新是促使教学方法和教学手段改革的保证。由此可见，教师是教育改革和教学质量提高的关键，教师自身的语言素质、教学理念、教学理论水平、教学技能技巧、教师的自主发展都是制约教学进步的因素。而且，虽然多年来一直在进行课堂教学，但如果忽视专业发展，教师仍会出现知识和技能停滞甚至退化的状况。因此，教师必须立足于日常教学实践并且积极寻求专业发展，不断提高自身的专业水平。具体地说，教师通过寻求专业发展，积极主动地探索教学实践，可以更新教学理念，丰富理论和教学实践知识，提升教学和科研能力，提高自身的综合素质和教学质量，推进高职英语教学改革与发展。

第一节 教师专业发展的内涵

教师专业发展的重要标记就是，教师的角色从纯粹的知识传递者转换为研究者。这里的研究,并不是一般意义上的语言学及应用语言学或其他学科的理论研究,而是与课堂教学本身密切相关的研究。作为研究者的教师的研究,其本质特征首先是,研究的问题往往产生于实际工作情境中,来自自己的教学信念与教学实践产生的冲突,是以课堂为导向的研究。其次是教师对自身实践进行的有意识的、系统的、持续不断的探究反思。教师专业发展不同于教师培训。教师培训要求被培训的教师学习和接受语言学及应用语言学专家们的研究成果,如教学法知识、一些相关的理论和成功的教学模式,然后教师将学到的理论知识应用到教学实践中加以检验或验证。这种研究也并不意味着极度复杂、依赖数据、控制变量的实验研究,相反它意味着课堂上多看、多听、多想(库玛,2014:73)。专业发展是一种自下而上、以课堂教学为导向的研究路径。自我意识和自我观察是教师专业发展的基本立脚点与重要前提,以自己为资源实现专业发展(Bailey,Curtis,Nunan,2009:22)。教师应成为反思型教师,有意识地关注教学行为和教学活动,观察课堂上所出现的情况,积极、主动地去发现问题,开展行动研究,利用所学知识去探索新的解决问题的策略和针对性的方法,改进教学。自我观察的意义在于对自己的教学活动具有一种职业的好奇心,关注、倾听、思考而不必做出判断(Bailey,Curtis,Nunan,2009:27)。教师研究的目的是要在实实在在的教学环境中产生有价值的变化,即教师和学生知识的增长、技能的提升,以及人格的完善。作为研究者的教师,有能力也有权威评价语言学、应用语言学等相关学科为语言教学所提供的理论原则。这些评价的主要目的也是进一步完善和改进真实环境中的教学活动。教师的批评和评价既能为理论研究提供真实素材,也可能成为教师的研究成果。

反思是实现教师专业发展的关键。反思性教学是教师和学生收集关于教学的数据,检查教学态度、观念和教学实践,然后用这些获得的信息作为反思教学的基础(Richards,2000:1)。反思性教学是主动探究，是一个对教学不断提问的过程。首先发现可改进的方面，确定改进的策略并加以实施，然后检测改进的效果。反思的目的是改变和超越，应成为教学的常规活动。观察、反思、行动、评价构成一个连续循环提高的过程。教师在此过程中不仅是累积经验，更重要的是建构新的教学知识，逐步形成个人的实践性理论，使隐性的教学信念、经验和知识实现理论化。这种个人的实践性理论成为教学实践的指导原则，同时在实践中不断完善和发展。

第二节 教师专业发展的途径

教师专业发展提倡的是，教师在教学实践中，通过研究、探索和反思达到专业的可持续性成长。教师在自身经验中形成关于学和教的认知与信念，并以此支配自己的教学行为。教师的教学观和教学态度始终在潜移默化地深深影响着他们的课堂活动。教师的课堂行为和言语反映着其教学观与教学态度。所以，教师应对自己的教学认识、教学观念、教学态度有自觉的意识和反思。作为一个反思型教师，要对自己的教学行为不断加以评价和监控，审视自己的教学观和信念。教师在互动的过程中经常反思自己的教学行动，这有助于使隐含在行动中的信念外显出来，从而了解自己的信念体系，并有意识地调整教学行为。英语教师在实践中不断收集和积累课堂或相关的教学案例，通过案例分析和研究构建个性化的教学知识。那么，高职英语教师如何寻求专业发展？认知心理学的建构主义理论为教师教育研究提供了有益的启示。建构主义的核心内容是：人的知识是由个人建构而不是由他人传递的。这种建构发生在与他人交往的环境中，是社会互动的结果（Williams & Bueden，2000：43）。建构主义以一种动态观看待学习的本质，学习产生于教师与学生之间以及与更广的社会语境之间的互动。建构主义学习环境包含情境、协作、会话和意义建构四大要素（何克抗，1997：75），这四个要素可简称为"4C"，即 context、collaboration、conversation、construction。意义建构是对知识的深刻理解和掌握，是学习的目标。这一目标从情境创设开始，围绕主题通过协作、会话互动等方式来达到。因此意义不是预先设定或由他人传递的。意义建构是学习内因和外因共同促进的，既是个体的也是社会的。建构主义不仅对教学理论产生了深刻影响，而且对教师教育也产生了巨大影响。

一、培养自主意识

教师专业发展既不是外部强加的，也不是自然而然形成的，教师的自主意识和内在需要起着重要作用。教师的自主意识是教师专业发展的必要条件，是教师专业发展的内在动力，是实现自主专业发展的基础和前提。教师也只有对自己的专业发展有一种责任感，注重自己的成长和进步，才能使自己的专业结构不断完善，专业素养不断提升，专业水平不断提高，使自己始终处于不断自我更新的发展状态。自主发展是对教师发展内涵的新认识。传统教师专业发展观认为，教师发展是其在外部力量，如学校、各类培训机构和组织等的培养下不断成长的过程。因此，它更多关注与重视培训部门在教师发展中的作用，相对忽视了教师在自我成长中的主体意识与主观能动性。教师发展不是被动的，而是自觉主动地构建自我与世界、他人、自身内部的精神世界的过程。教师发展强调发展的自主性，这种自主性是教师不断超越自我的过程、不断实现自我的过程，更是教师作为主体自觉、主动、能动、可持续的建构过程。教师要从自身的教育实践活动中寻求自我成长的源泉与动力，积极主动地参与、投入自身的发展之中。教师作为教师教育的主体，应发挥主观能动性，树立终身学习的观念。教师本身的需求和动力是促进专业发展的重要内在因素。教师可制定切实可行的计划和目标，并逐步付诸实施，如培养自觉观察教学活动的意识，学习语言学、应用语言学理论知识、了解最新的研究动态和成果、参加相关的培训、获得相关行业的职业资格证书、职称评定、攻读硕士和博士学位等。

二、加强教学实践

这里所说的实践指的是教师所实施的教育活动的全过程。教育过程在一定程度上是一个不断产生问题、发现问题、解决问题的过程，是一个持续学习、探索和评价的过程。教师对教学情境敏锐的观察与判断、对问题分析的清晰与透彻、对学生状况的准确把握、对突发事件的恰当处理等教学智慧均来自实践。因此，立足于教学实践开展研究、探索教育教学规律，是实现教师专业发展的有效途径。重视教学实践和重视理论学习并不矛盾，两者相辅相成，都是教师学习的重要内容。一方面，教师的专业发展强调要基于学校的具体情境，要与教师的教学工作直接相关，要与学生的发展紧密相连。许多教师在进行教学研究时，冥思苦想，找不到合适的研究课题。实际上，教学实践为教师提供了大量的研究机会。课题不是凭空想出来的，而是来自教学实践。教学实践过程是复杂多样、变幻莫测的，会不断出现新的情况和问题。教师正是在这种教学过程中产生困惑，发现并分析存在的问题，进而以自己的经验和理论知识加以解决，从而获得真实的教学体验，构建个性化的实践性知识。基于课堂实践的教师研究目的是改善课堂教学质量，构建动态和谐的教学环境，教师和学生共同发展。库玛（2013：22 - 23）针对理论方法的局限性，提出后方法教学，认为教师不应该寻找最佳教学法或者依赖某些教学法，而是要通过连续的反思和行动建构与自身紧密相关的教学实践理论，根据特定教学环境，以课堂为导向，不断生成创新性的教学策略。库玛将后方法教学看成一个三维系统，包括特殊性、实践性和可能性三个教学参数和操作原则。教师根据这三个原则，将观察、反思、探索、评价等行动根植于日常的教学实践，同时教师也要具备知识、技能、态度和自主性，这样才能从实践中发展和建立教学方法与理论。

另外，语言学和教学理论揭示语言现象形成与运用的特点、规律以及语言教学的本质。理论学习可以更新知识和拓宽视野，但这只是用于借鉴和指导，而不是依赖。任何教学方法理论都不可能适用于一切教学实际和环境。语言理论研究和语言教学的联系是由英语教师的教学活动来实现的。英语教师应该理解理论原则和教学实践的关系，应持一种科研的态度来对待日常教学活动，主动观察、研究自己或他人的课堂教学，使教学与理论研究融为一体。理论不是生搬硬套，而是在教学实践中在对各种教学理论理解的基础上判断和选择，然后应用、检验、评价理论的有效性和正确性。在此基础之上，补充和完善理论，再在实践中加以检验。如此循环往复，教学质量日益提高，教师的专业素质不断提升，从而达到专业发展的目的。"问渠哪得清如水，为有源头活水来"，就教学而言，活水既来自实践，也来自理论。理论和实践学习的积累与领悟是教学创新的源泉和动力，两者结合才能推动教学的发展和变化。

三、提高反思能力

教师专业发展的基础是不断对教学过程以及教学理念进行反思，而反思是教师行动研究的中心内容。反思能力是指教师在实践中发现问题，通过深入的思考观察，寻求解决问题的方法和策略的能力，是教师进行反思性教学的重要保证。在反思性教学中，理论知识与经验知识并驾齐驱。经验是教师专业发展的基础，但经验本身不足以推动教师发展，经验发挥作用在于教师系统地持续地对其进行有意识地思考以及对其深层次的理解的解释。反思在具体经验和抽象理论之间发挥桥梁的作用。教师的研究以改进自己的教学行为、提高自己的专业能力为出发点、检验、分析、修正、调整自己的教学信念和假设，目的在于建立和发展能解决教学实际问题的个人教学理论。反思性教学中探究的问题往往是教学中亟待解决的，与教师所处的环境紧密相连。这种研究有别于专家型的理论研究，各种新思想、新方法的形成主要通过教师的反思产生，而不是依赖于专家的指导。教学反思能力表现为教师的教学与课堂互动中的应变决策，是通过一系列的具体的教学活动培养起来的。Zeichner 和 Liston（1996：47）根据反思的时间将反思分为行动中的反思（reflection – in – action）和行动后反思（reflection – on – action），包括五个层面，即迅速反思（即时自动地思考）、整理（即时反馈思考）、反观（事后思考）、研究（持续系统化的思考）和重构（理论化思考）。英语教师可以通过教学日志、教学案例、听课评课、录音录像、问卷调查、合作教学、行动研究、建立教学档案等方式，及时地或持续地审视、观察和分析与自己或他人的教学行为，以及由此所反映的教学信念和态度。在此观察过程中学习经验，善于发现问题，并积极主动寻求解决和改变的方法。反思、行动、改变和发展构成教师实践研究和自我提升的连续过程。例如撰写教学日志，随时随地记录课堂教学时一闪而过的灵感、想法、启发，教学互动时所产生的认知、情感体会和感悟，这些都是进一步开展教学研究的基础和素材。教学日志是一种教学叙事，记录日常教学过程中的点点滴滴，有遇到问题时的困惑、行动过程中的思索以及问题解决后的喜悦，或只言片语，或有感而发。

反思评价应成为日常教学的常态，让教师更好地了解课堂发生的事情，让日常教学变得鲜活生动，克服职业倦怠。点滴记录是经验的积累，也是经验理论化的基础。教师要学会观察和思考，由表及里，由浅入深，由外到内，由显到隐，提高自身的思辨能力。而提高这种能力的方法之一，就是让教师"认识到理论、研究和实践之间的共生关系，认识到专业、个人和经验性知识之间的共生关系"（库玛，2013：14）。在反思性教学过程中，教师有意识地将理论运用到教学实践中，理论知识被自主建构为教师的个人知识,这就是建构主义提倡的具有个人意义的经验。同时,教师在反思中进行尝试和探索,体验到教学的乐趣和自我成就感,增强专业发展的动力。

四、开展合作对话

教学是一种社会建构的行为,教师是在与他人的合作交流中展开教学与学习的。教师不是在一个孤立的世界里进行教学,他们是在与社会环境持续的相互交流中进行教与学,也就是说,教师在进行反思性教学时,社会文化因素也起着重要作用。反思并不只是个人的心理活动,它是行动导向,并根植于历史和社会框架(Bailey,Curtis,Nunan,2009:37)。教师将自己微观的教学研究置于宏观的职业教育和社会文化背景中,不断地与周围以及更广的环境进行交流。反思性教学强调与他人的互动和合作,如在与学生和同事的互动中建构对各种事物与观点的理解。以积极主动的态度,自觉和有意识地探究自己的教学环境,从中发现有利于学习的因素,最大限度地利用学习机会,以此培养和提高对自己教学环境的探索能力,促进自我发展。其次,以请进来,走出去的模式开展对话合作。教师与其他专业教师之间应展开对话、加强合作,如组成教学团队,定期开展教研活动;组织申报课题,针对高职英语教学需求,开展科研或教改课题研究;根据高职英语以及各专业的人才培养目标,定期到相关企业行业学习和锻炼,增加企业行业实践经历,并和企业行业专家加强沟通与联系。针对高职英语教学中的各种问题和教师的困惑,还应加强与外界的沟通和交流,这样可以拓宽视野,激发灵感,有利于寻找解决问题的办法和途径,如参观学习、参加培训、参加教学比武、技能大赛、微课制作比赛等。

对话并不只是面对面地交流,更是一种社会行为,是陈述、解释、协商、理解相互间的观点。对话言语背后是持各种观点和价值观的人,因而体现各种声音。教师对话就是和自己、文本、他人在学习、教学、理论化等问题上进行探讨（库玛，2014：78）。这种对话是探究式的，提供了相互学习和相互促进的机会。教师在这样的对话中构建知识、分享经验、探讨问题和辨析观点，从而将个人的教学行为置于更广的社会空间，而这种联系和参与也会促进教师的专业发展。对话与合作给教师提供了良好的机会来理解他们隐含的教学信念与知识，这种合作性质的对话有助于教师阐述自己的观点，促进相互间的讨论和理解，以达到一种新的认识。建构主义认为教师的学习是一系列活动的相互协调的循环，如接触新的信息，对过去的教学经验、教学实践和知识的认识与反思，与同事就教学信念和教学过程等进行交流与对话，提高教学技能和改变态度等，这些活动相互影响、相互作用构成教师的学习活动，每一种活动都在一定的社会行为中相互协调运作。教师的学习不仅仅是用新知识去审视过去的实践与信念，它还包括教师与自己的社会环境的持续不断地交流，因此教师应积极与自己工作环境中的这些方方面面展开合作性质的对话，增进相互理解，在学习中实现专业发展。

第三节　小结

英语教师素质是教育改革和教学质量提高的关键。为适应高等职业教育改革和发展的需要以及有效解决教学实践中出现的各种问题，高职英语教师应积极面对挑战，具有自我不断探索、更新和发展的意识。在ACTION行动教学中，教师是教学研究的行动者（ACTOR），即自主（autonomy）、合作（cooperation）、任务（task）、观察（observation）和反思（reflection）。高职英语教师立足于课堂情境和教学实践，持续系统地观察和探究教学过程，提高自主发展意识和教学反思能力，参与对话合作，实现专业发展。发展意味着变化和改变，改变不仅具有个人意义，而且具有社会意义，关键在于教师自身。实践和理论知识的结合产生发展的推动力。教师专业发展已从自上而下转变为自下而上，由外到内转变为由内到外。这种转变体现了教师由被动地接受各种教学法到主动地做出判断和决策，设计自己的课堂教学材料、活动、任务和情境，由外在理论的执行者转变为个人教学理论的创建者。

参考文献

[1] BAILEY K M, CURTIS A, NUNAN D. Pursuing Professional Development: The Self As Source [M]. BeiJing: Foreign Language Teaching and Research Press, 2009.

[2] RICHARDS J C, LOCKHART C. Reflective Teaching in Second Language Classrooms [M]. BeiJing: People's Education Press, 2000: 37.

[3] WILLIAMS M, BUEDEN R L. Psychology for Language Teachers: A Social Constructivist Approach [M]. BeiJing: Foreign Language Teaching and Research Press, 2000: 43.

[4] ZEICHNER K M, LISTON D P. Reflective Teaching: An Introduction [M]. Manwah, NJ: Lawrence Erlbaum, 1996.

[5] 库玛. 超越教学法：语言教学的宏观策略 [M]. 陶健敏，译. 北京：北京大学出版社，2013.

[6] 库玛. 全球化社会中的语言教师教育 [M]. 赵杨，付玲毓，译. 北京：北京大学出版社，2014.

[7] 何克抗. 建构主义的教学模式、教学方法与教学设计 [J]. 北京师范大学学报（社会科学版），1997（5）：74-81.

第十七章

高职英语课堂教师话语功能

教师话语是教师在教学过程中所使用的具有特殊功能的职业语言，是教师在教学育人过程中运用的所有语言的总称。课堂教师话语是指教师在课堂教学的组织、教学内容的呈现与讲解、课堂活动的组织与实施、师生双向交流、学生行为评价等过程中使用的语言（汤燕瑜，刘绍忠，2003：19）。在第二语言习得中，教师话语具有双重特征：其一，教师话语被看作向二语习得者提供可理解输入的一种简单代码，这种简单代码可以更好地帮助学习者听懂话语，进行交际。因此，有学者将 teacher talk 译为"课堂关照语"，并称这一特征为形式特征。其二，教师话语被视为组织、管理、指导二语课堂活动的一种教学手段，这一特征被称为功能特征。英语课堂教学与其他教学的最大不同在于语言既是学习的目的也是教学的媒介，教师话语一方面具有目的语使用的示范作用，另一方面也是学生语言输入的重要途径。Nunan（1991）认为，教师话语的重要性不仅体现在课堂组织上，同时体现在学生的语言习得过程中，体现在课堂组织上是因为教师话语直接决定了教师实施教学计划的成败；体现在语言习得上是因为教师话语可能就是学习者可接触到的最主要语言输入。教师话语的使用是否得当会对学习者的输出和交际能力产生积极或消极的影响。因此课堂教师话语的作用也越来越受到重视，即引导学生积极参与各种交际活动，为学习者创造交流信息、表达思想的环境和机会，使他们通过交际和意义协商促进语言习得。束定芳

（2006：25）提出，关于教师话语的交际功能和样本功能应得到应有的重视和研究。

第一节 社会互动和中介作用

　　社会互动强调语言学习的社会本质，认为语言学习发生在与他人的意义互动过程中。社会互动融合了认知心理学和人本主义观点，强调互动过程中学习者的积极参与以及他人的帮助和引导，强调社会互动有利于形成一种认知和情感共同发展的社会环境。这一理论的形成来自俄国心理学家 Vygotsky 和以色列心理学家 Feuertein（Willians & Burden，2000：38－42），两位学者都提出"中介作用"（meditation）。中介作用就是使用语言帮助学生解决问题和达成目标，教师是对学习者语言发展起重要作用的中介者。Vygotsky 提出"最近发展区"，最近发展区是指比儿童现有知识技能略高的一个层次，这个层次可以在教师或能力较强的同伴的帮助下达到，而且这种帮助是指通过和教师的语言交流。Feuertein 强调教师作为中介者的作用以及教师与学习者之间的话语互动。教师选择和组织话语，以恰当的方式加以呈现，引发学习者的反馈并对反馈进行引导、解释和鼓励。教师通过话语互动不仅帮助学生获得发展所需的知识、技能和策略，还帮助学生学会自主学习、独立思考、处理问题以及理解学习任务对个人和社会的意义，这样使学生能够积极主动地完成任务。由此可见，中介作用主要是借助话语交流实现。英语教师面临的挑战是，不仅仅满足于使用常规的课堂话语组织教学，更是要充分发挥语言在认知发展、社会交往和文化学习方面的功能。

第二节 示范功能

　　高职英语课堂中的教师话语不仅是教师组织、管理和调控课堂教学的手段，也是学生语言输入的重要来源。教师话语在学生语言习得过程中起着重要的作用。对高职学生来说，课堂是其接触、使用语言的主要场所。在课堂上用英语与老师和同学进行交流是学生重要的英语实践活动。这样，教师在课堂上使用的语言就是学生模仿和学习的重要样本。教师显性的课堂语言，会对学生产生隐性的影响。这种潜移默化的作用是学生得以模仿的主要根据。在学生看来，教师是知识的化身，所以，他们总是有意无意地把教师话语当作效仿的范本。教师规范、得体、丰富的语言能让学生接受知识，习得语言。

　　在高职英语课堂上，教师话语在词汇层面上的局限性在于词汇运用范围狭窄，常用词更多地替代了非核心词汇。在涉及一些难以表达的概念或意义时，教师往往借助于翻译，或直接用母语与学生进行交流。教师用同义词对新单词或词组进行解释固然对学生理解意义有用，但值得注意的是，虽然意义相近，但不同的英语单词及词组往往有着不同的文体或语体色彩、惯常的用法和搭配，因而有着不同的应用范畴。教师话语的程式化和语言的贫乏会造成学生中介语僵化现象，不利于学生语言能力的发展。教师应该丰富词汇的表达，多运用语块。语言学家的研究表明，模式化的预制语块是言语交际中最理想的单位。Parley 和 Syder（1983）指出，本族语者一般都掌握大量的语块而且使用非常频繁，从某种意义上说，他们的言语交际是以语块为基础。教师话语中语块的运用不仅能丰富语言的表达，也有利于学生习得语块的语用意义和用法。

第三节 教学功能

　　Prodromou（1991）指出，教师在课堂教学中所扮演的角色可归纳为：1. 管理者，如组织学生进行小组活动；2. 示范者，如让学生跟着自己朗读；3. 监控者，如在教室里巡视，了解学生活动的情况；4. 辅导者，如就如何最好地完成一项任务提出建议；5. 信息提供者，如讲解现在完成时的用法；6. 促进者，如为学生独立进行活动提供材料和指导。

　　在以教师为主导的课堂上，教师的任务是作为一个知者向学习者传授信息。教学被视为一个给予和接受的过程，在这一过程中学生接受教师所给予的知识。因此，教师在课堂中要起到示范者和信息提供者的作用。基于师生间给予与接受的关系，以教师为主导的课堂采用的必然是以教师讲解为主的单向交际形式。以教师为主导的课堂用来讲解的时间在教师话语中所占的比例很大。教师话语的主要功能是讲解，教师语言的主要目的是传授知识，大多数话语都具有教学属性。在目前的高职英语教学中，教师的讲解内容主要是围绕以下几个方面：课文内容、单词和词组的含义、句子结构、句子含义，讲解方式主要是解释、举例、提问、翻译。课堂教学中教师讲解过多过细。教师详细讲解是为了让学生准确理解，同时，学生已习惯了依赖教师讲解，只听和记笔记。教师在有限的课堂时间内尽可能多地教给学生语言知识。然而语言知识的获得并不能自动转化为语言技能。语言学习的本质并不是被动接受语言知识和记忆语言规则。知识可分为陈述知识和程序知识。陈述知识是关于事实的知识，而程序知识是关于如何做的知识。课堂上教师讲授的语法和词汇知识仅仅是陈述知识，这些知识成为学生长期记忆的一部分。语言使用还需要一定的程序知识，这种程序知识一方面通过观察实际交际获得,另一方面通过具体而真实的交际活动获得某种意识和感觉。束定芳(2006:24)提出外语课堂新模式:1. 培养和保持学生的兴趣;2. 提供真实的语言输入;3. 帮助学生使用有利于外语学习的学习策略;4. 帮助学生克服学习中的困难。其要点不在于讲授多少具体的语言项目,而是在于如何激励学生,如何培养学生自主学习的能力,提供自主学习的机会。教师可以根据学生的实际水平和教学内容采取精讲多练的策略或开展其他课堂活动,多给学生提供运用语言知识的机会。

第四节 交际功能

在课堂中教师虽然注重使用英语进行教学,但实际上只是运用英语组织课堂教学,教师的讲解仍占据大部分课堂时间。真正用英语与学生进行有意义的交流的情况很少,即非真正意义上的课堂互动,教师话语并不具有交际性。教师与学生的交流不应该仅仅局限于教学活动的组织,更应该注重用英语与学生进行思想的交流和信息的沟通。这种真实交流就成为学生学习外语的一个重要语言输入(束定芳,2006:25)。

真实的交流具有主体间性。师生之间的关系不是主体和客体的关系,教师和学生是言语交际的主体。真实的交流意味着意义不是预先设定的、封闭和单向的,不是由教师向学生传递的。意义是具有多种可能性的,是开放和双向的,是在互动中生成的。教师和学生在交流过程中,发现和产生新的观点、见解和想法,师生对这些观点和想法做出回应。教师期待学生的理解回应,这种回应不是信息的确认核实或是以对错进行评判,而是赞同、支持、肯定、反对、否定、驳斥或补充。学生理解教师的解释和观点,同时做出回应。真实的交流具有对话性。通过对话,主体间彼此沟通,交换生活经验,理解知识和情感、态度和价值、个体和社会、现实和未来，并产生一定的共识，这种对话关系具有生成意义的功能。教师独白性的话语让教师话语处于支配和主动地位，却忽略了学生个体话语的主体性和多样性，忽略了学生的话语和知识的判断及选择能力。在课堂上师生能够通过文本进行深层次的理解交流。通过话题或主题，师生展开对话或讨论，写出自己的真实想法。

第五节 评价功能

Martin 和 White（2005）的评价理论探索发话人如何传递自己对人、事物和事件的判断以及表明立场、观点和态度，使自己参与到某一情景语境中，并试图影响他人的态度和行为。教师选择恰当的评价资源顺应学生的情感和心理，进而影响到他们对学习的态度和行为。教师在表达自己情感时多用积极词汇，这样能创造轻松和谐的课堂气氛。如 glad, pleased, happy, satisfied, surprised, interested, proud 等词汇。教师也会评价学生的情感，如 puzzled, worried, nervous, calm, confident。教师用这些语言资源来表达课堂上某些事件或现象在情感上对他们的影响，从而从情感的角度对该现象加以评价。而作为听众的学生也能通过这些语言资源与说话人产生情感上的共鸣，达到双方情感连接的效果。教师和学生通过情感表达拉近距离，也能够使课堂气氛更加融洽。教师话语中的判断通常是对学生性格和能力的评判，且都是积极词汇，如 excellent, hardworking, diligent, shy, clever。教师话语的鉴赏词汇资源包括对学生课堂表现的反馈，还有对文本、教学环境、教学过程进行肯定或否定的评价，例如 amazing, wonderful, great, active, fluent, pleasant, impressive, appreciate。教师运用介入资源，发表意见、表明观点、立场或评价他人观点，创造对话空间，如 I believe, I suppose, in my view, it seems to me that... 当学生发表意见后，教师如不赞同学生的观点，可以说 I think you are right, maybe you are right, 而不是直接否定。

第六节 小结

教师话语是教师向学生传递信息的主要媒介，也是教师调控学生课堂行为的重要手段。教师话语具有示范、教学、交际和评价功能。教师规范得体、丰富多样的话语是学生语言模仿和习得的样本。教师话语的互动性和对话性让教师与学生平等交流，促进新的意义的生成。积极、正面和恰当的反馈与评价能调节课堂气氛，激发学生学习的动力，并有效地表达自己的思想观点，准确传达意义。英语课堂中教师话语是学生语言输入的重要途径，因而教师应重视话语功能，提升话语质量，为学生提供语言实践机会，在课堂互动中促进语言习得。更重要的是发挥教师话语的中介作用，促进学生的全面发展和综合素质的提高。

参考文献

[1] MARTIN J R, WHITE P. The Language of Evaluation：Appraisal in English [M]. London and New York：Palgrave Macmillan, 2005.

[2] NUNAN D. Language Teaching Methodology：A Textbook for Teachers [M]. Englewood Cliffs, NJ：Prentice Hall Inc, 1991.

[3] PRODROMOU L. The Good Language Teacher [J]. English Teaching Forum, 4, 1991.

[4] PARLEY A, SYDER F. Two Puzzles for Linguistic Theory. Native-like Selection and Native-like Fluency [A] // RICHARDS J, SCHMIDT R. Language and Communication. Londan：Lonman, 1983.

[5] WILLIAMS M, BURDEN R. L. Psycology for Language Teachers [M]. BeiJing: Foreign Language Teaching andResearch Press, 2000.

[6] 汤燕瑜,刘绍忠. 教师语言的语用分析 [J]. 外语与外语教学, 2003 (1): 19-23

[7] 束定芳. 外语课堂教学新模式刍议 [J]. 外语界, 2006 (4): 21-29.

第十八章

高职英语教师话语的顺应性

在课堂环境中,教师话语具有示范、教学、交际、评价的功能,这些功能从宏观层面看就是在认知、社会和文化中发挥功能的过程。教师使用语言既涉及语言选择,同时还有策略选择。教师如何做出语言选择才能发挥这些功能?教师如何做出语言选择以满足交际的需要,提供可理解输入,实现交际的目的?国内教师话语研究主要集中在教师话语数量和类型、教师话语在语言学习中的作用、教师提问、反馈和纠错等方面(周星,周韵,2002;刘家荣,2004)。我们从语言顺应性角度探讨教师在课堂教学中影响话语选择的语境因素,揭示教师话语选择和发挥其功能的动态过程。

第一节 语言的顺应性

人们使用语言交流信息,发展认知以及维系相互之间的关系。语言使用的过程是一个连续不断的语言选择过程。Verschueren(1999)提出语用综观,宏观上对语言使用现象从认知、社会、文化方面进行整体观察,微观上对语言结构所有层次上的选择与顺应做全面细致地考察。语言的使用必然要做出语言选择,这种选择是一个连续不断的、有意无意的、受语言内或语言外因素所驱动的过程(Verschueren,1999:65)。

说话人要根据自己和听话人的语言能力选择恰当的语言进行交际。人们能够在语言使用过程中做出种种恰当的选择，是因为语言具有变异性、商讨性和顺应性。变异性指语言具有一系列可供选择的可能性，体现在语言的各结构层次上。语言选择的过程在体现变异性的所有结构层面上展开。商讨性指语言的选择不是机械地严格按照规则，或固定地按照形式——功能关系做出，而是在高度灵活的原则和策略的基础上进行。顺应性指人们从可供选择的不同的语言项目中做出灵活地选择，以尽量满足交际的需要。语言的这三个特征解释了语言使用过程中语言选择的内容、方式、目的和原因。语言的变异性和商讨性为语言的顺应性提供条件，没有变异性和商讨性就没有顺应性。言语交际能够顺利进行和开展正是因为语言顺应的特性。交际者根据语境因素做出调整或改变，表达交际意图，从而实现交际目的。因此语言的选择受到语境因素的影响。Verschueren 把语境分为交际语境和语言语境。交际语境包括语言使用者、心理世界、社交世界和物理世界等因素。语言使用者在交际语境中处于中心地位，因为物理、社交和心理世界中的各个方面都要靠语言使用者的认知激活，才能开始在语言使用中发挥作用。物理、社会和心理世界不是完全分开的，而是彼此渗透的，在言语交际中共同影响语言选择。交际语境的这些因素都会不同程度地影响语言使用者在使用和理解语言时做出的语言选择。

在交际过程中语言使用者要对语言各层次的结构和结构构成原则做出选择。人们进行言语交际，首先要选择具体的语言、语码和文体。话语构建成分的选择包括语音结构、词素和词汇、分句和句子、命题和超句结构等的选择。就语音结构而言，必须对语调、重读、停顿等影响话语表达和理解的超音段音位做出选择；在词语层面上，交际者可以根据实际情况选择适切的词语进行交际；在句式方面，语言使用者根据实际情况灵活选择和运用不同句式。语篇的选择主要包括言语行为和语篇类型。交际者根据不同的原则和策略做出顺应语境的选择。

第二节 教师话语的顺应性分析

教师根据交际语境的各个方面在语言的各结构层次上做出选择。选择也意味着话语的调整、修正或改变。这种选择并非机械和随意的，而是具有策略和协商性，如使用直接还是间接言语策略，从而满足交际的需要，提供可理解输入，达到有效的交流和互动，更好地发挥教师话语的功能。

一、心理语境的顺应

心理语境主要涉及交际者的性格、情感、信念、意图等心理因素。进入交际语境的心理因素主要有两类：认知因素和情感因素。说话人选择语言的过程正是顺应自己和听话人心理世界的一个动态过程。

英语教师的教学话语涉及英汉两种语言的使用。语言教学界一直主张采用浸入式教学法，教师用英语授课，尽量避免使用汉语，目的在于让学生最大限度地接受语言输入。但语言使用者出于交际的需要选择符合自己交际目的的语码，动态地顺应对方的心理。有学者研究表明，在保证学生最大量的目的语的输入的前提下，教师适时、适量地使用母语，进行必要的具有教学功能的语码转换可以缓解学生的紧张情绪，提高对目的语的输入和吸收。尤其是低年级的学生认为教师偶尔使用汉语会缓解他们的焦虑情绪。尤其是回答问题时，学生会因担心发音不准、语法错误等而变得非常紧张，大大影响了表达效果。如果教师转换使用汉语，就会减少学生的顾虑和压力，自然地用英语表达，而且更愿意积极主动地参加课堂教学活动。

提问是教师经常运用的，也是一种典型的教师语言。教师通过提问引出话题或主题，激起学生的注意力，诱发他们的参与热情。教师要考虑学生的认知和情感因素，对提问的难易程度和类型做出选择。教师可以运用展示性提问，这是一种封闭的限定答案的提问，是教师已经知道答案的问题，目的是检测学生掌握知识的情况。这类问题虽对教师来说容易操作和控制，但不利于学生的认知发展和情感需求。意义的生成总是动态的，而且是互动的。二语习得的研究发现，能够激励学生踊跃参与和意义协商的问题有利于他们获得语言交际能力。教师应有意识地增加参阅性问题的比例，这类问题是开放的，允许有不同的答案，学生可以各抒己见，自由发挥。学生在这种互动和反复协商的过程中更有效地进行语言的输入与输出。

教师使用评价语言对学生参与课堂活动的表现做出表态和反馈。为了对学生的心理语境做出顺应，教师应选择最佳的表达方法。肯定的评价能提高学生的信心，增强学习的动机，而否定的评价，特别是带有批评性的话语，会令学生感到羞愧，挫伤学生参与教学活动的积极性，甚至使学生放弃运用英语进行交流。所以教师应尽量避免选用具有否定性评价的词汇和句子，可以变换语言结构和表达形式，以间接的方式提出，达到婉转批评的效果。例如，You might do it better. That's almost right，but who can give a better answer? Dose anybody have a better answer? I appreciate your first part of the answer。

二、社会语境的顺应

社会语境指交际者的社会关系、角色、社会文化环境、社会文化规范等。交际者的言语行为受到社会和文化规范的制约。在社会语境中，许多语言选择取决于从属与权威或者权威与亲和这类关系。社会语境还给某些类型的言语行为的实施方式或哪些人有权实施这些行为，规定了多种多样的原则和规则。在课堂教学这样的言语活动中，需要某些固定的表达方式。社会规范所预期的教师和学生之间的关系是权威与服从的关系。在权势场景中谈话者之间是一种不平等的关系,存在权势差异。为此,教师常常直截了当地选用指令性言语行为句让学生去做某事或完成某项任务,如祈使句及其否定形式:Keep quiet, Stop talking, Don't make such noise, Retell the story。但为了更有效地教与学,教师应和学生建立一种平等融洽的社会关系,缩小与学生之间的社会距离和心理距离,把权势场景中的交谈改为对等场景中的交谈,营造对话空间。所以教师在下达活动指令时,可用间接委婉的方式表示指令,例如 Would you...?, Could you...?, What about...?

社会语境还会影响人称指示语的选择。教师针对整体下达活动指令时,可用 Shall we...? Let's... 等句式,把作为执行主体的"你们"变为"我们",把自己看作学生中的一员,站在学生立场实施言语行为。这样教师和学生共同参与活动,能活跃课堂气氛,增强师生间的融洽与和谐的氛围。

话题和文本意义的讨论也受到社会文化语境因素的影响。话语必然包含社会文化价值观,因此教师通过话语不仅仅是引导学生理解文本意义,获得信息,更重要的是由文本引出话题讨论和意义拓展。例如对文本的评价、英汉文化的对比等,以及这些讨论、辨别和判断对学生的意义与价值,因而将微观的课堂学习和宏观的社会文化语境连接起来,拓宽学生的文化视野,提升文化意识,达到深层次的文化理解。

三、物理语境的顺应

物理语境主要包括话语产生的时间和空间。寒暄语如 Good morning, everybody! Is everybody here? Nice to meet you 等表达法,是英语课堂教学语言的典型例子,而这些句子都传达出问候询问等功能,实施寒暄的言语行为。教师在不同的时间需要选择不同的寒暄语。如果教师不注意利用物理情境,或例行公事般、千篇一律的寒暄,这样就无法建立师生间互动的纽带。教师可以利用课内外事件、环境、天气、节假日、重大事件、学生活动等作为话题,这样有利于巧妙自然地开启教学,营造真实的语言交流环境。在寒暄言语活动中,教师的教学语言应贴近学生的实际生活,使学生感到有交流的空间。另外,交际者的身体姿势、手势、表情等也属于物理世界的组成部分。这些非言语因素也会影响语言的选择。如在教学中,学生习惯于保持沉默,只是静静地倾听,对老师提出的问题不做出积极反应。这一方面加强了教师的话语控制权,另一方面不利于师生互动和交流。教师应随时观察学生的非言语行为,适当调整话语,吸引和保持学生的注意力,调动他们参与教学活动的热情和积极性。

四、语言结构的顺应

Chaudron（1993）从语言学的角度,对教师话语进行归纳和分类,揭示了教师话语在语音、词汇、句法、语篇等方面的若干特征。首先,在语音方面,教师经常使用夸张的发音,或延长停顿,或放慢速度,或扬声扩音,发元音时较为清晰,而辅音连缀现象较少见。其次,在词汇方面尽量多地使用基本词汇,尽量少地使用口语体、不定代词、缩略词中性风格词等。句法方面的特点是,尽量使用短句,较少使用从句,大量使用现在时,句子结构完整规范。语篇方面的特点：大量使用第一人称,大量开展教师诱导性言语活动,对话多自我重复。在交际中,教师处于主动地位,控制话题,并多以主动发问获取信息。这些研究表明,教师语言是一种简短、简化、规范并在语音、词法、句法、语篇层次上经过修改的语言。教师话语的这些调整以信息交际为中心,主要是为了降低语言输入的难度,提供一种可理解的输入。这是教师话语在语言结构上做出的顺应性选择,同时也是对学生心理世界的顺应。

第三节　小结

教师话语不仅是教师向学生传递信息的主要方式，同时也是调控学生课堂行为的重要手段。教师根据不同的原则和策略做出顺应语境的选择，如词、短语、句子、语码等，提高话语的表达力，增加有效输入。教师应充分意识到教师话语的重要性，做出顺应心理、社会和物理语境的语言选择，丰富话语表达，提高话语质量，从而更有效地组织课堂教学，为学生提供语言实践机会，在课堂互动中促进语言习得，充分发挥教师话语在认知、社会、文化方面的作用。

参考文献

[1] 刘家荣. 英语口语课堂话语的调查与分析 [J]. 外语教学与研究，2004（4）：285－289.

[2] 周星，周韵. 大学英语课堂教师话语的调查与研究 [J]. 外语教学与研究，2002（1）：59－68.

[3] VERSCHUEREN J. Understanding Pragmatics [M]. London：Edward Arnold Ltd. Beijing：Foreign Languages Teaching and Research Press，1999.

[4] CHAUDRON C. Second Language Classroom：Research on Teaching and Learning [M]. Cambridge：CUP，1993.

第十九章

高职英语教师话语互动策略

课堂互动是英语教学的主要环节,体现课堂教学的本质特点,也是课堂研究和二语习得研究的重要课题。Allwright(1984:9)指出:"互动的意义不仅在于创造了学习机会,更在于其促成了学习之形成。"课堂互动影响课堂气氛和学生的参与程度,进而影响课堂教学效果。课堂互动为学生提供了最大限度参与语言交际的机会,而且课堂互动方式与第二语言习得有密切关系。课堂互动包括师生间互动和学生间互动两种基本形式,这里主要探讨师生互动。课堂教学中教师主要通过话语交流的方式与学生进行互动。师生互动中师生双方是一种主体间性的对话和协商,是一个双向交流、相互影响的动态过程。

第一节 互动假设

教师通过话语互动不仅提供语言输入,而且解决言语交际中遇到的障碍或问题,使交际活动顺利开展。Long 的互动假设是对 Krashen 输入假设的修正和发展。Krashen(1982)认为学习者遵循自然顺序,通过理解比自己当前水平稍难一些的输入自然地习得该语言,可理解性输入是二语习得的必要条件。Long(1983)认为输入假设没有区分输入和互动,只是单纯强调输入的可理解性,忽视了互动在二语习得中的作用。互动假设认识到输入的重要作用，同时更强调互动对输入的可理解性的重要作用。非本族语者与本族语者借助互动调整，进行对话交流是二语习得的充分必要条件。Long 的互动假设遵循了输入—互动—习得的理论模式，把输入和互动进行了分离，输入是字、词、句、篇等语言形式，互动是这些语言形式的交际功能，语言习得离不开话语互动，话语互动是语言习得的动力。

Swain（1995）针对输入假说，提出输出假设。她认为虽然可理解性输入可以促进二语习得，但语言输出在二语发展中同样具有重要地位，可理解性输出可以帮助学习者关注中介语的发展过程。语言输出的作用体现在三个方面：1. 注意功能：语言输出促使学习者在使用目的语进行交际时意识到自己语言知识的不足，发现自己的中介语中存在的问题，进而采取措施加以解决；2. 假设验证功能：学习者把语言输出视为验证语言表达确切的途径；3. 元语言功能：学习者在语言交际中谈论语言结构和规则，对语言形式进行协商，这种元语言活动可以促进和增强学习者对语言知识的思考与理解。Swain 还指出，语言输出会促使学习者从语义处理转向句法处理。也就是说，语言输出增强学习者对语言特点的关注和输出的准确性，促进语法能力的发展。可理解性输出产生于学习者之间的互动中，学习者通过互动协商的过程相互理解，同时习得语言知识。

第二节 话题互动

课堂互动包括方式和内容，即选择什么内容以怎样的方式开展互动有利于语言习得。在英语课堂上，师生话语互动的主要模式是"发起（initiation）—回答（response）—反馈（feedback）"，简称 IRF 模式。在这种模式中，不同成分发挥着不同的言语功能，教师和学生扮演着不同的角色，教师提问、讲解、解释和评价，控制着教学内容以及讨论的话题，以提问的形式检验学生对知识的掌握和理解，并对学生的回答或表现做出评判。IRF模式是在英语课堂这种特定语境下形成的一种会话结构。互动假设和社会互动都强调教师作为中介者对发展学生语言能力的作用。教师选择怎样的话语互动策略来促进学生的语言习得？从语言宏观功能看，课堂言语互动交流是一种语篇活动，同时进行概念、语篇和人际互动。概念互动涉及话题或主题，语篇互动涉及语篇的组织和语言形式，人际互动涉及人际关系和角色。我们认为教师的话语互动策略主要包括话题互动、语式互动和人际互动。

  在英语课堂上，教师通常发起话题或提出某一主题进行会话交流。这种交流以意义为主，必定会发生意义协商。Long 提出意义协商，尤其是引发本族语者或者是语言能力较强的说话者做出互动调整的意义协商，有利于可理解性输入和输出，促进语言习得。Long（1996：418）将意义协商定义为：学习者和高水平的说话者，为了交际的需要，彼此提供和领会会话理解与否的信号，从而对语言形式、会话结构和信息内容的其中一项或全部做出调整，直到实现彼此理解的过程。在意义协商过程中，一方面教师根据学生的语言能力，调整自己的语言表达，让学生理解。另一方面根据学习者的语言表达，引导学生说出各种意义相关的话语，调整话语结构，从而帮助学生达到交际的目的。Long 指出，互动中的意义协商主要有三种方式。1. 理解确认：说话人确认自己的话语是否被对方理解，例如，Do you know what I mean? Are you clear about what I said? Do you understand? 2. 事实确认：说话人进一步证实是否明白对方的话语内容，例如，Really? Is that right? 用升调重复对方的话语。3. 澄清请求：说话人引导对方说明自己话语的意思，例如，What do you mean by...？

  关于意义协商的研究大多集中在意义协商的类型和频率以及与可理解性输入输出的关系。Ellis（1990）指出，在二语课堂上教师经常使用的意义协商策略是理解确认，很少使用澄清请求的方式。而在自然学习环境中，人们常使用事实确认和澄清请求来克服交际的困难。这种会话特点反映出课堂教学情境中教师对话语的控制和主导。在这种情境中，教师常确认学生是否明白理解自己的话语意义，而不是相反。当出现障碍时，教师采用简化、解释等方式让学生理解。当教师需要核实理解学生的话语，或是教师理解学生话语出现障碍要求学生解释话语意义时才会运用其他两种方式，这两种意义协商方式的运用与否和学生的语言能力有关。

教师还可以通过提问让学生参与话题交流。教师通过提问促使学生调整自己的语言，使其更具有理解性。Richards 和 Lockhart（1996：185）提出课堂提问非常普遍的理由：1. 激发和维持学生的兴趣；2. 鼓励学生思考和关注课堂的内容；3. 有助于教师明确学生的话语；4. 有助于教师引出某些特定语言结构和词汇；5. 有助于教师核查学生的理解情况；6. 有助于学生的课堂参与。教师课堂提问所涉及到的问题可分为两大类：展示性问题和参考性问题。展示性问题指提问者已知道答案的问题，答案确定，因而具有封闭性。而参考性问题则指提问者并不知道答案的问题，答案不固定，因而具有开放性。值得注意的是，教师提展示性问题时，其目的不是要寻求自己所不知道的信息，而是为了进行语言练习，如关于课文内容理解，词语和句子的意义。虽然这种问题在课堂以外的自然环境中很少使用，但在教学中必不可少。但在课堂中只提展示性问题无法激发学生学习兴趣，而且这类问题引出的句子较为简短，或以 yes 或 no 来回答，不利于发展学生多样和复杂的语言表达能力以及培养创造性思维。参考性问题可以让学生自由发挥，各抒己见，激发学习的内在动机和参与交际的积极性。针对高职学生的实际情况，教师需兼顾这两类问题，提问要体现多样性、挑战性、延展性和真实性，创造真实交际的语境，引导学生进行有意义的交流，丰富学生的语言输出。

第三节　语式互动

　　意义协商的同时产生形式协商。语言交流过程中出现问题时，说话者调整话语结构，这就是形式协商。在形式协商中，目标语的再现频率得到提高，凸显度得到增强，这样学习者对语言结构的注意力得到相应加强。形式协商与纠错紧密相关。学生接触的语言材料有正面和负面之分，前者指符合语法的语言输入，后者指不符合语法的语言输入。Long（1996）的互动理论特别关注互动中负面反馈在语言习得中的地位："在协商工作中获得的负面反馈可以促进第二语言的发展，至少在词汇、语素和句法方面。这种反馈是学习特定第一语言和第二语言的差异所必须的。"由于英汉两种语言的差异和汉语思维的影响，学生常根据汉语的表达进行语言输出，因此出现词汇句法的表法错误。纠错作为话语互动策略被称为更正性反馈。Lyster 和 Ranta（1997）把课堂中常用的更正性反馈策略分为六种。1. 明确更正：直接指出错误并告诉学生正确的形式；2. 元语言线索：提供元语言的知识，让学生意识到自己的错误；3. 重述：把学生错误的句子用正确的方式重新述说一遍；4. 要求澄清：当出现错误句子的时候要求学生重新表达；5. 重复：用声调重复学生错误的句子，以引起学生的注意；6. 诱导：通过提问诱导学生说出正确的句子。元语言线索、要求澄清、重复、诱导称为形式协商，是间接的更正性反馈方式。只注重形式纠错会引起学生的焦虑，挫伤学生语言表达的积极性。只重视意义交流而无视错误会导致错误的语言内化，形成学生中介语僵化现象。教师应充分考虑学生的情感因素，对于不同类型的错误采用不同的更正策略，减少直接的纠错策略，多使用间接的更正策略，让学生自己意识到错误并进行改正。

第四节 人际互动

人际互动策略是指会话过程中教师和学生角色的维持与改变，如发话者和受话者，信息的提供者和接收者。教师和学生可以通过话轮转换的方式来实现人际互动。话轮（turn）是指在会话过程中，说话者在任意时间内连续说的话语，其结尾以说话者和听话者的角色互换或各方的沉默等放弃话轮信号为标志（李悦娥、范宏雅，2002：22）。话轮转换存在于一切会话中，并且是一个基本的言语转换机制。教师话语分析从话轮的构成、话轮转换的形成及话轮转换的过程中来寻找课堂交际的规律和研究相关的会话策略。话轮转换基本上可分为开始、持续、施与和放弃发话等。开始发话是指获取发话机会并开始发话，包括发话、接话和插入。课堂教学中，教师常通过问候、点名、提问等方式开始发话，也可用眼神，手势等非言语方式让学生开始发话。持续发话是指发话人利用发话技巧延续自己的发话或支持受话人继续发话。一般借助连词如 but, and, however, because, if, since 等，或 first, second, third 等序数词和言语重复等。施与话轮常用 What do you think? What about you? 等实现话语权改变。放弃发话，即发话人认为自己此刻的发话已趋于结束并准备放弃，一般借助言语手段，使用 all right, okay, well 等词语，也可借助非语言因素，如点头示意，微笑或目光接触等态势语来传递话语转换的信息。教师可以分析会话语篇，让学生了解话轮转换策略和规则，选择与学生生活相关的话题，运用结对练习、小组练习或角色扮演等方式开展会话活动，让学生有话可说，学会运用会话策略，提高学生的口语交际能力。

在会话交流中，教师对学生的表现、回答或反应做出反馈，维持会话顺利开展和进行。教师不仅是话题的发起者、意义的引导者，也是倾听者。反馈从性质上可分为积极反馈和消极反馈。反馈既可以针对学生的话语内容，也可以针对学生的话语形式。大量研究表明，教师在给予积极反馈时，不仅能使学习者知道他们话语的正确性，同时还能通过赞扬增加他们的学习动机，因此积极反馈比消极反馈更有助于改进学习者的行为。但笼统、机械的积极反馈，如 good，very good 等，并不能产生很好的效果。会话中的反馈不局限于评价，反馈体现为一种互动和回应，是会话展开的基础。日常会话中经常出现的反馈包括言语性反馈和非言语性反馈。言语性反馈可以是非词汇的，如 aha，hm，uhm 等；也可以用词语表达，如 yes，yeah，OK，well，good，really 等；还可以是短语性的，如 I see，I know，That's fine，That's good 等。非言语反馈指手势、点头、眼睛的注视等。从会话内容角度来看，反馈所传达的信息量是微不足道的，但从会话双方的角度来看，反馈作用很大。会话中如果听话者悄无声息，很少或不予回应，说话者就无法知道他所要传递的信息是否已被对方接收，会话也就很难进行下去。

第五节 小结

课堂互动是一种言语交际互动，体现英语课堂教学的本质特点和以学习为中心的教学模式。教师采取有效的话语策略，创造真实交流的语境，增加学生语言输入输出的机会，与学生进行对话、意义协商和建构知识。话题互动、语式互动和人际互动在会话交流中交织在一起，共同促进学生语言能力和交际能力的发展。

参考文献

[1] ALLWRIGHT R. The Importance of Interaction in Classroom Lan-

guage Learning [J]. Applied Linguistics, 1984 (5): 156-171.

[2] KRASHEN S. Principles and Practice in Second Language Acquisition [M]. New York: Longman, 1982.

[3] LONG, M. H. Native Speaker / Non-native Speaker Conversation and the Negotiation of Comprehensible Input [J]. Applied Linguistics, 1983 (2): 126-141.

[4] LONG M H. The Role of the Linguistics Environment in Second Language Acquisition [A] // RITCHIE W C, BHATIA T K. Handbook of Second Language Acquisition. San Diego: Academic Press, 1996.

[5] SWAIN. Three Functions of Output in Second Language Learning [A] // COOK, G SEIDELHOFER B. Principle and Practice in Applied Linguistics. Oxford: OUP, 1995.

[6] RICHARDS J C. Lockhart. Reflective Teaching in Second Language Classrooms [M]. Cambridge: Cambridge University Press, 1996.

[7] ELLIS R. Instructed Second Language Acquisition [M]. New York: Oxford, 1990.

[8] LYSTER R, Ranta L. Corrective Feedback and Learner Uptake: Negotiation of Form in Communicative Classrooms [J]. Studies in Second Language Acquisition, 1997 (19): 37-66.

[9] 李悦娥, 范宏雅. 话语分析 [M]. 上海: 上海外语教育出版社, 2002: 22.

# 第二十章

结语和展望

一、实践和成果

英语应用能力是高职学生的综合素质和职业能力的体现。《高等职业教育英语课程教学要求》明确提出,"以培养学生的实际应用英语的能力为目标,侧重职场环境下交际能力的培养"。为实现这一目标,我们进行了一系列教学改革和实践研究。2013年笔者申报的湖南省教育科学"十二五"规划课题《基于行动体验的高职行业英语课程开发研究与实践》获得立项。该课题研究构建了从教学理论、课程开发到教学实施的较为完整的高职英语教学体系。课题组成员开展和参与了相关的教研项目和课题研究,包括职业教育名师空间课堂建设项目《高职实用英语》,教研课题《高职英语词汇教与学的认知研究》《高职英语教师课堂话语行为研究》《英语语篇隐性评价及应用研究》《地方性高职院校商务英语专业工学结合人才培养模式研究》《合作学习模式在大学英语课堂教学中的研究》《以就业为导向的高职商务英语专业实践教学体系研究》《结合会计工作岗位需求的高职会计英语课程教学改革研究与实践》《基于工作过程的旅游英语专业课程体系开发研究》等。目前高职英语教学在课程设置上采用通用英语和行业英语相结合的模式。无论是高职英语专业还是公共英语教学都融入职业教育理念,由学科知识体系向职业行动体系发展，体现从知识到能力本位教学观的转变。高职英语教学将语言教学与职业和工作情境紧密结合，以职业情境中的任务开展语言知识和技能教学，以学生在完成任务过程中所体现的行动能力为评价形式，并将语言实践场景从课堂延伸到各专业课程的实习实训场所。

本书提出 ACTION 行动教学模型，用以指导高职英语课程教学。ACTION 是指以任务为载体，通过互动体验、观察概括、行动实践、创新运用实现工作过程体验和语言学习体验，概括为自主、语境、任务、互动、观察和需求。我们根据教学实际情况，立足于课堂教学实践，结合教学法理论的理念和原则，重点关注和探讨教师如何教、学生如何学的过程。问题和挑战来自教学过程，我们不是采用单一而是综合运用各种教学策略尝试解决问题和应对挑战。我们既提出了教学的宏观策略，如课程开发、自主、合作、情境教学，也提出了微观的具体教学策略，如四步教学模式、五位一体教学、阅读 3S 教学、听力 4P 教学、口语评价策略、教学评价方式、空间课堂教学、教师课堂话语策略。有些研究内容我们从不同的角度进行探讨，如词汇教学、语法教学、文化教学、教师话语、课堂提问。虽然我们采用的是不同的语言知识和技能教学策略，但只是教学侧重点有所不同，词汇、语法和语篇教学不可分割，读、写、听、说、译技能构成相互联系和相互渗透的整体贯穿于整个教学过程。教学实践成果概括为"234567"：教学内容以语言共核为核心，融入工作过程和行业知识；提出任务驱动、理据驱动和输出驱动三种教学理念；提出多维互动、认知加工、语义建构和实践运用的四步教学模式；提出自主、实践、反思、合作的教师专业发展途径；构建以职业英语应用能力为目标、以工作过程为导向、以行动体验为主线的"五化"行业英语课程开发模式；构建语言形式、意义、功能、理据和文化五位一体的教学；结合形成性与终结性评价、书面与口语评价、自我与外部评价六种评价方式，构建以评价行动能力为核心的多元评价体系；建设文本、电子、课堂、网络、竞赛、实习、实训教学环境和资源。教学成果推广到机电英语、文秘英语、旅游英语、会计英语、IT英语、汽车英语、酒店英语等教学中。各行业英语教师结合各专业职业岗位群，积极探索培养学生职业情境下的英语综合应用能力的教学策略和途径。

高职英语教学实现"十个结合"。"十个结合"是指语言共核和行业知识相结合的教学内容，语言学习和工作过程相结合的教学理念，社会需求与学生需求相结合的需求分析，通用英语和行业英语相结合的课程模式，认知和情感相结合的教学目标，知识和策略相结合的教学原则，输入与输出相结合的教学过程，语言与文化相结合的素质培养，过程和结果相结合的课程评价，课堂与网络空间相结合的教学环境。具体教学实践如下。

1. 融合语言学习过程和行业工作过程，提高学生的职业英语应用能力。提出"动"和"境"结合，两者相伴相随、互动融合。"动"是指行动，包括行动内容、方法和途径。就英语教学而言，行动是语言学习和使用，即学做合一，知行合一。"境"是指语境，包括语言语境、情景语境、心理和社会文化语境，是语言学习和运用的必备条件。以行业中典型工作任务引领语言知识和技能的学习，创设情境，将语言表达与工作情境匹配，学生根据情境运用相应的语言表达完成工作任务，实现职业情境化的行业英语教学。提出以语言共核为主、融入行业知识的教学观，重视学生语言学习过程中的行动以及认知和情感体验。

2. 揭示行业英语语言特点，发展学生的认知能力。分析行业英语在词汇、语块、语法和语篇结构层面上的特点；联系并激活学生已有的知识和经验，揭示词汇和语法意义形成与拓展的认知规律和理据，强调语言各层面意义的具身体验和内在关联，将抽象一维的语言符号学习转化为具体多维的语境体验学习；根据语块和搭配组织教学，开展语言形式、意义、功能、理据和文化的五位一体教学；揭示行业语篇特征、语篇模式和构建策略,培养学生的语篇能力。

3. 设计语言教学活动和项目,提高学生学习兴趣。顺应学生的认知风格、语言能力和心理需求,根据工作任务和语言学习设计教学活动、任务,体现活动和任务的多样化、趣味性和丰富性。以活动、任务为载体开展师生、生生互动合作,学生同时体验工作过程和语言学习过程。

4. 创新教学模式,培养学生自主学习能力。改变语言知识单向传递的讲授模式,通过丰富的语料以及多模态的运用,引导学生观察和归纳语言知识特点与规律,激活已有知识图式,构建相互关联的语义网络。将语言知识和技能的学习策略融入教学,通过看—听—读—练—评—秀环节实施空间课堂教学,提高学习效率和自主学习能力。

5. 整合教学方法和手段,提高学生英语学习效率。充分利用多媒体技术、网络空间、社交平台和移动技术,结合任务教学、情境教学和体验教学,从情境体验、认知加工、巩固储存到实际运用,学生在此过程中不断构建和完善知识体系。通过分析、行动、获取、应用和评价,学生获得完整的语言学习过程,以此指导和适应新的任务。

6. 完善评价体系,全面衡量和提升学生的综合素质。结合过程性评价和终结性评价,制定笔试和口试评价主体、标准、内容和形式;全面考查和衡量学生的知识、能力和情感,注重学生的个体差异性、学习过程、学习态度和行动能力。以"个性、过程、发展"的动态观对学生进行综合和整体评价,并以评价促进学生整体素质的提高。

7. 建设课程资源,符合职业岗位需求和学生需求。在利用现有的与教材配套的教学资源基础上,开发符合教学需求的文本、微课视频、音频资料和电子课件;拓展学习空间,建设高职英语空间课堂,建立练习库、试题库、语料库和课程学习导航,实现线上线下互动学习;增强师生互动交流,在线提交作业、考试自测、答疑解惑和作品展示,实现随时随地移动化学习;延伸课堂教学,开展课外活动和口语、写作技能竞赛，拓展语言实践场景，从模拟到真实场景，增强学生的个体认知和情感体验。

8. 加强教学团队建设，促进教师专业发展。建设应用英语、商务英语和公共英语教学团队，形成学习共同体，开展教学项目课题研究；利用假期定期参加培训，进行行业企业实践和锻炼，了解行业知识和人才培养要求；参加知识和技能学习，更新知识、提升教学技能和信息化课程设计与开发的能力；开展以课堂观察为导向的教学实践研究，加强成果的运用和推广；开展反思教学，撰写教学日志，并将此纳入教学考核和评价；参加各类比赛，如说课、教学比武、微课制作、教学设计等；指导学生参加口语、写作技能大赛，以赛促学，以赛促教，做到教、学、研、训、赛有机结合。

二、展望和探索

立足于教学实践，深入探索高职英语教学规律和特点，融合职业教育课程的行动导向和语言教学的体验性，进一步完善高职英语课程教学体系；根据高职学生的实际语言能力开发设计校本教材，包括通用英语和行业英语，教材语料的选择和任务、练习的设计是重点；活动和任务是互动学习的载体与途径，开展多样化的语言活动和任务符合高职学生的特点与需求，体现学和做的紧密结合，强调具体体验，能增强学生积极主动参与活动的热情，实现语言运用的最大化；深入课堂观察，广泛收集课堂话语语料，加强课堂互动研究；开发高职英语慕课精品课程，让学生进行在线自主学习；进一步提高高职英语教师信息化教学能力，继续探索网络学习和课堂学习有效结合的途径。